Franz-Xaver Kaufmann

Wie überlebt das Christentum?

HERDER spektrum

Band 4830

Das Buch

Überlebt das Christentum die Moderne? Der Abbruch religiöser Traditionen ist offensichtlich, in beiden Konfessionen. Der Anteil der Konfessionslosen steigt sprunghaft vor allem unter den jungen Männern, den Gebildeteren und den Großstädtern. Soziologen sehen auch im Westen eine Entleerung christlicher Überlieferung, die sich in den letzten dreißig Jahren so beschleunigt hat, daß ein ähnliches „Kippen" der religiösen Situation wie im Osten nicht mehr auszuschließen ist. Die vorherrschende Kultur versteht sich selber unabhängig von Transzendenz. Wie kann sich das Christentum darin behaupten? Ob das Christentum überlebt – das ist keine bloß rhetorische Frage oder nur ein Gedankenspiel. Gibt es so etwas wie einen Kern des Christentums, der resistent ist gegen die Moderne – deren Entstehung durch das Christentum selber befördert wurde? Franz-Xaver Kaufmann wirft in dieser kritischen „Endzeit" den Blick zunächst auf die Anfänge: Was waren die Gründe für den Durchbruch des Christentums am Anfang seiner Geschichte? Denn zunächst sprach so gut wie nichts für den Missionserfolg galiläischer Fischer. Sodann geht es um den Beitrag des Christentums zur Entstehung der Moderne und seine Veränderung in diesem Prozeß. Und schließlich: Ist eine Wiederbelebung des Religiösen auch unter den heutigen Umständen möglich? Und er fragt weiter: Unter welchen Herausforderungen stehen die christlichen Kirchen heute – in einer Zeit der Individualisierung der Lebensführung und der Umwandlung aller Gesellschaftsstrukturen? Und welches sind die Voraussetzungen, damit das Christentum überlebt? Franz-Xaver Kaufmann analysiert nicht nur, er zieht auch die Konsequenzen und beschreibt die Ansatzpunkte für einen möglichen neuen Bedeutungsgewinn des Religiösen. Die nüchterne und faszinierende Bestandsaufnahme eines renommierten Religionssoziologen.

Der Autor

Franz-Xaver Kaufmann, em. Professor für Soziologie an der Universität Bielefeld. Zahlreiche Publikationen zur Religions-, Staats-, Wirtschafts- und Familiensoziologie sowie zur Bevölkerungswissenschaft und Sozialpolitik. Lebt in Bielefeld.

Franz-Xaver Kaufmann

Wie überlebt das Christentum?

Herder

Freiburg · Basel · Wien

Berliner Guardini-Lectures
veranstaltet von der Katholischen Studentengemeinde
Maria Sedes Sapientiae an der Humboldt-Universität zu Berlin
und der Katholischen Akademie in Berlin.
Herausgegeben von
Thomas Brose und Susanna Schmidt

Gedruckt auf umweltfreundlichem,
chlorfrei gebleichtem Papier

Originalausgabe

Alle Rechte vorbehalten – Printed in Germany
© Verlag Herder Freiburg im Breisgau 2000
Satz: DTP-Studio Helmut Quilitz, Denzlingen
Druck und Bindung: Freiburger Graphische Betriebe 2000
Umschlag: Konzeption und Gestaltung R · M · E / München,
Roland Eschlbeck und Liana Tuchel
Umschlagfoto: Sabine Barfuß
Autorenfoto: Fotoatelier Roland Brinkmann
ISBN 3-451-04830-2

Inhalt

Vorwort 9

I. Traditionsabbruch 11

II. Wie kam es zum historischen Erfolg
    des Christentums in der Antike? 20
1. Zur Entstehung der Urgemeinde 23
2. Die Bedingungen der Ausbreitung des Christentums 29
   2.1 Urchristentum und hellenisiertes Judentum . . 31
   2.2 Zur Attraktivität des Christentums in der
       religiösen Konkurrenzsituation 32
3. Zum politischen Erfolg des Christentums 37
   3.1 Desorganisationstendenzen im Kaiserreich . . 38
   3.2 Erklärungsversuche der ‚Konstantinischen
       Wende' 41
   3.3 Rom und Byzanz 44
4. Christentumsgeschichte 46

III. Das Christentum und die europäische Freiheits-
     geschichte 48
1. Die metaphysische Transzendenz Gottes und
   die Entstehung des abendländischen Person- und
   Freiheitsbegriffs 51
2. Die strukturelle Bedeutung des Christentums
   für die modernisierende Transformation der
   europäischen Gesellschaft 59
   2.1 Die Massivität traditionaler Sozialzusammen-
       hänge 60
   2.2 Die Ermöglichung religiöser Distanz 61
   2.3 Der Investiturstreit 65

2.4 Anfänge der funktionalen Gesellschaftsdifferenzierung   68
3. Die Entwicklung des modernen Staates und
das Christentum   70
   3.1 Landeskirchentum und Absolutismus als
   Regressionen   71
   3.2 Die spätscholastische Staatskritik als
   Vorläuferin der Aufklärung   73
   3.3 Der Einfluß des Calvinismus   74

IV. Modernisierung, Säkularisierung und die
   Verkirchlichung des Christentums   78
1. Säkularisierung und Religion   80
2. Modernisierung und die Verkirchlichung des
   Christentums   88
   2.1 Die Umstrukturierung der Gesellschaft   88
   2.2 Verselbständigung und Spezialisierung der
   Kirchen   91
   2.3 Ursprünglich christliche Sinngehalte als
   Elemente der säkularen Kultur   96
3. Die Entkirchlichung der Individuen   98
4. Offene Fragen 103

V. Überlebt das Christentum die Moderne? 105
1. Zur Fragestellung 105
2. Bedingungen und Ursachen des Traditionsabbruchs
   christlicher Glaubensvermittlung 110
   2.1 Religionsfreiheit 111
   2.2 Auflösung von Milieubindungen und Legi-
   timitätsverlust 112
   2.3 Optionserweiterung 116
3. Der Ernstfall der (Post-)Moderne 119
   3.1 Das Problem der Identität 119
   3.2 Werteentstehung als verbindliche Erfahrung . 120
   3.3 Religiöse Erfahrung? 124

4. Zu den Aussichten des Christentums 126
   4.1 Kulturelle Präsenz 126
   4.2 Kirchliche Präsenz 130
   4.3 Die Präsenz des Christentums auf der Indi-
      vidualebene 134
5. Schlußbemerkungen 138

Vorwort

Im Rückblick auf das 20. Jahrhundert können wir einen langfristigen Bedeutungsverlust der christlichen Konfessionen für die Lebensführung der europäischen Bevölkerungen erkennen. Insbesondere in den letzten Jahrzehnten steigt – zumal in Deutschland – der Anteil der Konfessionslosen an der Bevölkerung, und zwar vor allem unter den Männern, den Jüngeren, den Gebildeteren und den unter großstädtischen Verhältnissen Lebenden. Aber auch bei den Kirchenangehörigen nehmen die Kirchenbindung und die christliche Gläubigkeit dramatisch ab.

Ist dies ein Zeichen für das Veralten des Christentums, dem zwar die Modernisierung Europas wesentliche Voraussetzungen verdankt, das aber – wie schon Max Weber diagnostizierte – unter den Bedingungen der Moderne notwendigerweise seine Potenz verliert? Gibt es in der Modernisierung Faktoren, die einer Fortsetzung christlicher Traditionen in spezifischer Weise entgegenstehen? Oder kann es ein ‚modernitätsresistentes Christentum' geben?

Mein eigenes Interesse an religionssoziologischen Fragestellungen hat nicht nur fachliche, sondern auch biographische Hintergründe. Das Zusammenleben mit Andersdenkenden, ohne doch den eigenen Standpunkt aufzugeben, wurde mir als Katholik schon durch das Aufwachsen in der Diaspora-Situation der Zwingli-Stadt Zürich selbstverständlich. Ich lernte früh, die Perspektiven zu wechseln, und dies ist für eine soziologische Betrachtungsweise religiöser Phänomene unerläßlich. Die Distanz der Soziologie zu den Phänomenen der Religion ist naturgemäß größer als diejenige der Theologie. Während jede Theologie, die diesen Namen verdient, im Horizont eines bestimmten religiösen Glaubens steht, den sie – sofern sie sich als Wissenschaft versteht – gleichzeitig reflektiert und auslegt, sucht die soziologische Betrachtungsweise Glaubenshorizonte zu vermeiden. Sie steht in der Tradition der neuzeitlichen Wissenschaft, welche unter dem Anspruch angetreten ist, die Welt zu denken, *„etsi non daretur Deus"*, als ob es Gott nicht gäbe. Ob unsere Kultur im Begriffe steht, diesen konditionalen Satz in einen affirmativen – „da es Gott nicht gibt" – umzudefinieren, steht im Hintergrund der Fragen dieser Schrift. Der Text ist im Hinblick auf die Guardini-Lectures im Mai 1999 an der Humboldt-Universität zu Berlin entstanden, zu denen mich die katholische Studentengemeinde ‚Maria Sedes Sapientiae' und die Katholische Akademie Berlin in Verbindung mit der Theologischen Fakultät der Humboldt-Universität eingeladen hatten; Frau Dr. Susanna Schmidt und Herr dipl. theol. Thomas Brose haben sich sehr um die Organisation und um den Kontakt mit den Hörern bemüht. Da ich im akademischen Jahr 1998/99 als Fellow am Wissenschaftskolleg zu Berlin arbeiten konnte, war auch die dortige anregende Atmosphäre dem Vorhaben günstig. Vor allem meinen Konfellows Christoph Markschies (Jena) und István Perczel (Budapest) verdanke ich wesentliche Anregungen. Zu den Regeln der Guardini-Lectures gehört es, daß die anschließende Diskussion von einem ebenfalls angekündigten Gastkommentator eingeleitet wird. In diesem Sinne haben die Herren Kollegen Christoph Markschies, Volker Gerhard (HU Berlin), Herfried Münkler (HU Berlin) und Wilhelm Schmidt-Biggemann (FU Berlin) mitgewirkt, und ihre Fragen und Kommentare haben die weitere Ausarbeitung beeinflußt. Herr Dr. Walter vom Verlag Herder, mit dem mich eine langjährige Zusammenarbeit verbindet, hat in der ihm eigenen, geduldigen Nachdrücklichkeit für ein baldiges Erscheinen des für die Veröffentlichung noch einmal überarbeiteten Textes gesorgt. Allen, die auf diese Weise zum Entstehen dieses Büchleins beigetragen habe, danke ich herzlich.

Bielefeld, Neujahr 2000 *Franz-Xaver Kaufmann*

I. Traditionsabbruch

Wenn man die Entwicklung der konfessionellen und zumal der kirchlichen Verhältnisse Westeuropas in diesem zu Ende gehenden Jahrhundert betrachtet, so drängt sich der Eindruck eines langfristigen Trends auf, der jedoch unterschiedlich gedeutet wurde und gedeutet wird. Am Geschäft dieser Deutung haben sich verständlicherweise die Vertreter der Kirchen am stärksten beteiligt, und hier vor allem die Universitäts-Theologen. Denn es charakterisiert dieses Jahrhundert ja auch, daß den Wissenschaften ein zunehmendes Gewicht hinsichtlich der öffentlichen Daseinsdeutungen zugewachsen ist.

Der Langfrist-Trend, den die Betrachtung der religiösen Verhältnisse in Westeuropa, den Kernländern der abendländischen Christenheit, suggeriert, wird – vor allem in der evangelischen Theologie – gerne als *Säkularisierung* bezeichnet. Das stellt aus meiner Sicht der Dinge eine Verharmlosung der tatsächlichen Entwicklung dar, die wir in den letzten Jahrzehnten beobachten können. Der Begriff der Säkularisierung beinhaltet eine Verselbständigung und thematische Reinigung des religiösen Bereichs, bei gleichzeitiger Freisetzung der übrigen Gesellschaftsbereiche vom Kontrollanspruch der kirchlich verfaßten Religion (vgl. Kapitel IV). Zum mindesten im Falle Deutschlands ist jedoch heute ein eklatanter *Abbruch religiöser Traditionen in beiden Konfessionen* zu beobachten, der auch die Existenz der Kirchen in ihrer bisherigen Verfassung bedroht.[1]

---

[1] Die folgende Darstellung beschränkt sich auf den deutschen Fall. Sowohl die unterschiedlichen staatskirchenrechtlichen Verhältnisse als auch nationalgeschichtliche Eigenarten und differierende Forschungsmethoden

Einige statistische Hinweise mögen dies einleitend verdeutlichen. Der unmittelbarste Indikator ist die *wachsende Konfessionslosigkeit*. Der sprunghafte Anstieg der Gemeinschaftslosen und derjenigen, welche eine Angabe zu ihrer Religionszugehörigkeit verweigert haben, vollzog sich zwischen 1970 und 1987 von 3,9 auf 10 %. Dabei konzentrieren sich die Gemeinschaftslosen auf die großen Städte, insbesondere Norddeutschlands: In Hamburg bezeichneten sich 1987 34 %, in West-Berlin 29 % der Bevölkerung als konfessionslos oder verweigerten die Angabe zur Religionszugehörigkeit. Der Großteil dieses Zuwachses resultierte aus Kirchenaustritten, insbesondere aus der evangelischen Kirche, und es waren vor allem Personen männlichen Geschlechts unter 50 Jahren, die aus ihrer Kirche ausgetreten sind. Auffällig ist auch, daß es sich überwiegend um Personen mit höherer Schulbildung handelt: So betrug 1987 der Anteil der Konfessionslosen an den männlichen Hochschulabsolventen zwischen 20 und 64 Jahren 21 %, an den Hauptschülern 11 %; bei den Frauen waren es 16 bzw. 7 %. Diese Zahlen zeigen auch, daß, wenn man die jugendlichen und die älteren Personen ausklammert, der Anteil der Konfessionslosen auch in der Bevölkerung der alten Bundesländer bereits 1987 sehr substantiell war.[2] Zweifellos hat sich die Zunahme der Konfessionslosigkeit in den alten Bundesländern auch seither fortgesetzt: Insbesondere in den Jahren nach der Vereinigung gab es eine regelrechte Kirchenaus-

---

führen zu von Land zu Land nicht streng vergleichbaren statistischen Daten und zu unterschiedlichen Interpretationen. An einer generellen Tendenz wachsender Kirchendistanz ist jedoch nicht zu zweifeln. Vgl. die Ergebnisse der europäischen Wertestudie bei Zulehner, Paul M., u. Hermann Denz: *Wie Europa lebt und glaubt*. Düsseldorf 1993; sowie Tabellenband. Wien 1993. Für die Schweiz vgl. die differenziertere Untersuchung von Dubach, Alfred, u. Roland J. Campiche (Hrsg.): *Jede(r) ein Sonderfall? Religion in der Schweiz*. Zürich u. Basel 1993.

[2] Die hier mitgeteilten Daten verdanke ich dem ehemaligen Direktor beim Statistischen Bundesamt, Herrn Dr. Karl Schwarz, Wiesbaden.

trittswelle in Ost und West, zu der dieses Mal auch die Katholiken erheblich beitrugen.

Betrachten wir die neuen Bundesländer, so bilden dort die Konfessionslosen – oder wie sie sich vielleicht selbst bezeichnen würden: die Konfessionsfreien – heute rund 70 % der Bevölkerung. Das Christentum ist in den neuen Bundesländern somit zu einem – zudem stark überalterten – Minderheitenphänomen von knapp 25 % Protestanten und 5 % Katholiken geworden. Etwa die Hälfte der 70 % Konfessionslosen hat diese Zuordnung bereits von ihren Eltern übernommen, und so scheint die Konfessionslosigkeit zum Familienerbe zu werden, was sich auch darin äußert, daß hier Kircheneintritte von Konfessionslosen weit seltener als im Westen stattfinden.[3]

Wir haben also auf den ersten Blick recht unterschiedliche Verhältnisse in Ost- und Westdeutschland auch in dieser Frage. Zwar wird man davon ausgehen dürfen, daß Ostdeutschland seit jeher eine geringere Kirchlichkeit aufwies als der Westen und Süden des alten Deutschen Reiches, aber entscheidend war doch der (unter Einschluß des Nationalsozialismus) über ein halbes Jahrhundert dauernde öffentliche Druck gegen kirchliches Engagement. Betrachtet man jedoch die Verhältnisse im Westen genauer, so gewinnt man den Eindruck, daß hier eine zwar nicht planmäßige Unterdrückung, aber *spontane Erosion christlicher Traditionen* stattfindet, die sich in den letzten 20 Jahren deutlich beschleunigt hat und möglicherweise auf die Dauer zu einem ähnlichen ‚Kippen' der religiösen Situation wie in Ostdeutschland führen könnte.

---

[3] Vgl. Ebertz, Michael N.: *Kirche im Gegenwind. Zum Umbruch der religiösen Landschaft*. Freiburg i. Br. 1997, S. 56. Vgl. auch Pollak, Detlef, u. Gert Pickel (Hrsg.): *Religiöser und kirchlicher Wandel in Ostdeutschland 1989–1999*. Opladen 1999.

Michael N. Ebertz hat in einer sehr detaillierten Analyse neuerer Umfragedaten gezeigt, wie sehr auch unter den konfessionell Gebundenen, ja sogar unter den kirchennahen und kirchlich aktiven Christen sich die religiöse Orientierung vervielfältigt und die Verbundenheit mit der jeweiligen kirchlichen Tradition gelockert hat. Zunehmend scheinen es selbst innerhalb der kirchlichen Aktivitäten eher die auch im profanen Bereich angebotenen Aktivitäten der Caritas und der Freizeitgestaltung zu sein, welche unter den Kirchenmitgliedern Anklang finden. Und für die jüngeren Generationen stellt er fest: „Die persönliche Religiosität wird … immer weniger noch als christliche verstanden, löst sich also nicht nur aus traditionalen kirchlichen Bindungen, Glaubensvorstellungen und -praktiken, sondern sieht sich immer weniger auch in einem ‚überkonfessionellen christlichen Traditionsstrom‘ verankert. Unterdurchschnittlich ist bei ihnen auch die Existenzdeutung ausgeprägt, ‚mit Hilfe des Glaubens ein sinnvolles Leben zu führen‘ und im Leben ‚den Willen Gottes zu erfüllen, um am Ende die ewige Seligkeit zu erlangen‘. Persönlichkeitsentwicklung, viel Freude im Leben zu haben und Lebensgenuß als Lebenszweck gewinnen zwar auch in der Gesamtbevölkerung und unter älteren Menschen, selbst unter kirchennahen Christen, an Bedeutung, erreichen aber die höchsten Stellenwerte insbesondere in der Generation der heute unter 29jährigen."[4] Für die katholische Kirche im besonderen, deren Mitglieder sich in der Vergangenheit diesen Erosionstendenzen gegenüber als resistenter erwiesen haben, diagnostiziert Ebertz heute einen akuten Nachwuchsmangel und eine zunehmende Vergreisung des Klerus sowie dessen sinkende persönliche Lebenszufriedenheit und Berufsmotivation.[5]

---

[4] Ebertz,: a.a.O., S. 71 f.
[5] Ebd. S. 62 f.

In einer differenzierten Studie konnte zudem der enge Zusammenhang zwischen dem Rückgang der Gottesdienstbeteiligung und den Glaubensorientierungen gezeigt werden: „Das Beziehungsmuster ist über alle von uns untersuchten Länder erstaunlich stabil... Die abnehmende Kirchgangshäufigkeit indiziert ... zugleich auch den Verfall zentraler christlicher Glaubensinhalte." Insbesondere für die Katholiken zeigt diese Studie einen dramatischen Rückgang des Anteils „katholischer Kernmitglieder"; für Belgien und Deutschland stellen die Autoren fest: „Innerhalb von zwanzig Jahren hat sich der Prozentsatz mehr als halbiert."[6]

Die verfügbaren Befunde deuten nicht nur auf einen allgemeinen Rückgang von Kirchenbindung und christlicher Gläubigkeit hin, sondern auf einen ganz spezifischen Zusammenhang mit modernisierenden Lebensbedingungen. Konfessionslosigkeit nimmt überdurchschnittlich unter den Gebildeten und unter großstädtischen Verhältnissen zu. Einigermaßen intakte konfessionelle Milieus existieren überwiegend in ökonomisch zurückgebliebenen Regionen. Überhaupt scheint Kirchlichkeit stark mit traditionalen Faktoren zu korrelieren. Insbesondere aber deutet die starke Altersabhängigkeit der Kirchenbindung bzw. Entkirchlichung darauf hin, daß hier Faktoren am Werke sind, welche auch für die Zukunft eine Fortsetzung des diagnostizierten Trends erwarten lassen.

Deshalb lautet die Leitfrage der folgenden Überlegungen: Wie überlebt das Christentum die Moderne? Gibt es in dem, was wir gemeinhin als ‚Modernisierung' bezeichnen, Faktoren, welche der Fortsetzung christlicher Traditionen in

---

[6] Jagodzinsky, Wolfgang, u. Karel Dobbelaere: Der Wandel kirchlicher Religiosität in Westeuropa. In: *Religion und Kultur*. Hrsg. v. Jörg Bergmann, Alois Hahn u. Thomas Luckmann. Sonderheft 33 der Kölner Zeitschrift für Soziologie und Sozialpsychologie. Opladen 1993, S. 68–91, Zitate S. 89.

spezifischer Weise entgegenstehen, oder handelt es sich um ein eher zufälliges Zusammentreffen von Umständen, die möglicherweise auch durch die Spezifika der deutschen Geschichte bedingt sind? Immerhin ist ja in den Vereinigten Staaten, dem Ursprungs- und Vorreiterland der Moderne, eine vergleichbare Erosion des Kirchlichen anscheinend nicht zu beobachten. Kann es so etwas wie ein ‚modernitätsresistentes Christentum' geben? Oder ist das Christentum nur in einer Übergangsphase der Enttraditionalisierung und des Übergangs zur Moderne hilfreich, wodurch sich der starke Erfolg kirchlicher Mission heute in Ländern wie Korea erklären ließe? Erinnern wir uns der Parolen insbesondere der französischen Aufklärung, welche ein baldiges Absterben der christlichen Religion prognostizierte, aber auch der Diagnosen Max Webers zum Macht- und Einflußverlust der christlichen Religion in der Moderne. Vollzieht sich vielleicht alles so, wie es die frühen Diagnostiker der Moderne vermutet haben, nur mit einer weit größeren Zeitverzögerung? Oder inwiefern ist ein solches lineares Denkmodell trotz der beobachtbaren Trends zu modifizieren? Hält auch die Zukunft religiöse Renaissancen bereit, wie sie in der abendländischen Geschichte ja wiederholt aufgetreten sind?

Der Soziologe ist weder Prophet noch Zukunftsforscher, und nur selten haben sich komplexe Prognosen bewahrheitet. Das Schwergewicht der folgenden Argumentationen liegt deshalb auf der Vergangenheit, nicht auf der Zukunft. Wir fragen zunächst: *Wie ist es zum historischen Erfolg des Christentums gekommen, und warum hat es die vergangenen zwei Jahrtausende überlebt?*[7] Es gibt deutliche Hin-

---

[7] Im folgenden werden Überlegungen vertieft, die ich erstmals anläßlich der Salzburger Hochschulwochen 1992 vorgetragen habe. Vgl. Kaufmann, Franz-Xaver: Christentum und Christenheit. In: *Evangelium und Inkulturation (1492–1992)*. Hrsg. v. Paulus Gordan. Graz 1993, S. 101–128.

weise darauf, daß religiöse Faktoren mit zu den langfristig wirksamsten der Gesellschaftsentwicklung gehören und deshalb auch nur in einer Langfrist-Perspektive angemessen verstanden werden können.[8] Die Zukunft des Christentums ist auch aus weltlicher Sicht keineswegs schicksalsmäßig vorgegeben, sondern als Ergebnis menschlicher Handlungen und institutioneller Entwicklungen zu verstehen, zu denen die in der jeweiligen Gegenwart lebenden Generationen im Horizont ihrer Vergangenheit beitragen. Wer Zukunft sucht, sollte sich seiner Vergangenheit vergewissern.

Im folgenden möchte ich in einem ersten Schritt auf die Entstehung und Ausbreitung des alten Christentums zu sprechen kommen (Kapitel II). *Was läßt sich aus soziologischer Sicht zur Erklärung des historischen Erfolgs des Christentums in der Antike sagen?* Dieser Aufstieg von der Gefolgschaft eines jüdischen Wander-Rabbi zur Staatsreligion des Römerreichs erscheint ja auf den ersten Blick als eine höchst unwahrscheinliche Entwicklung. Was war es, das dem Christentum solchen Erfolg verschaffte? Wir werden im Bedenken dieser Fragen hoffentlich auch zu einem klareren Begriff dessen kommen, was hier unter Christentum und Christentumsgeschichte verstanden wird.

In einem zweiten Schritt sei nach dem *Beitrag des Christentums zur Entstehung der Moderne* gefragt (Kapitel III). Zwar

---

[8] Franz Höllinger weist in einer neueren Untersuchung darauf hin, daß die heute zu beobachtenden Unterschiede in der Kirchenbindung verschiedener Regionen Europas deutlich mit weit zurückliegenden Ereignissen korrelieren. So lebten z. B. bei den Kelten die Druiden zölibatär, sodaß die Durchsetzung der Zölibatsnorm im Klerus auf weit geringere Schwierigkeiten stieß als bei den Germanen. Nicht von ungefähr wurde das iro-schottische Mönchtum zu einem der wichtigsten Christianisierungsfaktoren Zentraleuropas, während in Skandinavien das Mönchtum nie Fuß fassen konnte. Vgl. Höllinger, Franz: *Volksreligion und Herrschaftskirche. Die Wurzeln religiösen Verhaltens in westlichen Gesellschaften.* Opladen 1996, S. 163 ff., 220 ff.

gibt es Autoren wie Hans Blumenberg, die einen konstitutiven Beitrag des Christentums für die Entstehung der Neuzeit verneinen, aber es spricht doch vieles dafür, daß der zuerst von Max Weber so genannte abendländische Sonderweg eng mit der spezifischen Verfassung des westlichen Christentums zusammenhängt. Damit richtet sich unser Blick allerdings schon nicht mehr auf das Christentum im ganzen, sondern auf dessen weltgeschichtlich erfolgreichste Inkulturationsform, auf das lateinische Christentum, dessen Grenzen in diesem Zusammenhang ebenfalls zu bedenken sind.

Das vierte Kapitel betrifft unsere unmittelbare Vergangenheit, die sogenannte Neuzeit. *Wie hat sich das Christentum im Zuge der neuzeitlichen europäischen Gesellschaftsentwicklung verändert?* Der Erfolg des Christentums erscheint in dieser Epoche eng an die Genese und den Erfolg des Nationalstaates gebunden, und selbst die katholische Kirche hat ihr eigenes Selbstverständnis in Auseinandersetzung mit dem staatlichen Modell entwickelt.

Der Nationalstaat, der bis vor kurzem als der Inbegriff der modernen Gesellschaft galt, ist jedoch in den letzten zwei Jahrzehnten zunehmend von der Entwicklung neuer, noch weiträumigerer Zusammenhänge überformt worden, für die sich in jüngster Zeit der Begriff der *Globalisierung* eingebürgert hat. Etwa parallel dazu haben sich auch im lebensweltlichen Bereich der europäischen Zeitgenossen nachhaltige Veränderungen ereignet, welche heute vielfach unter dem Schlagwort der *Individualisierung* zur Sprache gebracht werden. Schließlich wandeln sich auch die kulturellen Auffassungen nachhaltig in Richtung auf die reflexive Annahme von Pluralität und Multiperspektivität, ein oft mit dem Begriff der *Postmoderne* bezeichneter Entwicklungstrend. Anscheinend verändern sich die gesellschaftlichen Integrationsmechanismen in jüngster Zeit nachhaltig, wie auch die immer wieder gestellte Frage „Was hält die Gesellschaft heute zusammen?" zeigt. Offensichtlich ist das nicht mehr die christliche Religion, welche doch einen wichtigen Integrationsfaktor der nationalstaatlichen Ära bildete. Mit dem Versuch, diese *neuartige Situation menschlichen Zusammenlebens und ihrer Konsequenzen für die Fragen von Religion und Christentum* zu bedenken, werden unsere Überlegungen schließen.

II. Wie kam es zum historischen Erfolg des Christentums in der Antike?

Diese Frage ist zuerst von dem evangelischen Theologen Adolf von Harnack untersucht[9] und seither aus verschiedenen Perspektiven erörtert worden. Ich möchte ihre Beantwortung durch drei Teilfragen strukturieren, welche gleichzeitig auf unterschiedliche Phasen der Christentumsgeschichte verweisen:

1. Wie läßt sich die Konstituierung und der Erfolg der Jerusalemer Urgemeinde verstehen? Und in welcher Form kam die Ausbreitung der christlichen Botschaft in Gang? Wir beschäftigen uns hier mit Ereignissen, die in die ersten beiden Jahrzehnte nach der Tötung von Jesus aus Nazaret fallen.

2. Wie läßt sich die rasche Ausbreitung des Christentums in weiten Teilen des Römerreichs erklären? Wir beschäftigen uns hier – grob gesagt – mit der Zeit zwischen 50 und 200 n. Chr.

3. Wie läßt sich der politische Erfolg des seinen Intentionen nach so unpolitischen Christentums im Rahmen des Römischen Reichs plausibel machen? Hierbei ist im wesentlichen vom 3. und 4. Jahrhundert die Rede.

Diese Periodisierung stimmt nicht mit gängigen Periodisierungen der Christentumsgeschichte überein, die im übrigen ohnehin recht umstritten sind. Denn die Quellenlage ist höchst unvollständig, allerdings im Vergleich zu anderen

---

[9] Vgl. Harnack, Adolf: *Die Mission und Ausbreitung des Christentums in den ersten drei Jahrhunderten.* Leipzig 1902.

Bereichen des antiken und zumal des religiösen Lebens doch recht reichhaltig. Und sie wird mit den gerade in den letzten Jahrzehnten sehr erheblichen Entdeckungen der jüdischen und christlichen Archäologie noch umfangreicher, allerdings nicht immer übersichtlicher.

An erster Stelle der Quellen stehen natürlich die uns im Neuen Testament überlieferten Zeugnisse der frühen Christenheit. Aber für die Behandlung unseres Themas sind auch die über die exegetischen Befunde hinausführenden Quellen von entscheidender Bedeutung. Denn *aus soziologischer Sicht kann die Geschichte des Christentums wie diejenige eines jeden sozialen Makrophänomens nur als Wechselwirkung zwischen seiner endogenen Dynamik und den exogenen Bedingungen seiner Entwicklung verstanden werden.*

Die soziologische Perspektive neigt sogar dazu, diesen äußeren Bedingungen Priorität bei der Erklärung einzuräumen; gerade darin liegt ihre spezifische Differenz zum Selbstverständnis der von ihr beobachteten und gedeuteten Makrophänomene, hier also zum kirchlichen Selbstverständnis und zur theologischen Perspektive. Solch eine deterministische Sicht würde allerdings zu einem Soziologismus führen, der ebenso einseitig erscheint wie eine ausschließlich kirchliche Betrachtungsweise. Will man die Entwicklung verstehen, so muß man die Blickrichtung stets erneut wechseln, um die Binnenperspektive der christlichen Traditionen mit den humanwissenschaftlichen Außenperspektiven im Hinblick auf eine die konfessionellen Traditionen übergreifende Christentumsgeschichte zu vermitteln. Die Geschichte des Christentums ist ein konstitutives Moment der europäischen Gesellschaftsgeschichte und sollte als solche verstanden werden.

Die bisherige Geschichte des Christentums ist ganz überwiegend als *Kirchengeschichte* geschrieben worden, d. h., die Auswahl der zu berücksichtigenden Fakten und das Arrangement der Erklärungen orientieren sich am theologischen Selbstverständnis der jeweiligen christlichen Tradition, der sich ein Autor konfessionell zurechnet. Das gilt ganz selbstverständlich für die ältere Historiographie, aber es färbt auch auf die sich bereits als quellenkritisch verstehende neuere Kirchengeschichte ab. Die katholische Kirchengeschichtsschreibung ist romzentriert, die Geschichtsschreibung der übrigen Konfessionen lenkt ihre Aufmerksamkeit dagegen auf Befunde, welche dem römischen Selbstverständnis entgegenstehen. Die Lückenhaftigkeit der Befunde mit Bezug auf die jeweils interessierenden Fragen führt zudem zwangsläufig zu Interpolationen und Spekulationen des jeweiligen Autors, die natürlich von seinem Erkenntnisinteresse und seinem Vorverständnis geleitet werden.

Dem gegenüber wird hier das im vorangehenden angedeutete multiperspektivische Verfahren durchzuhalten gesucht, das ja auch den Signaturen unserer Gegenwartskultur entspricht. Angesichts der Breite des Themas und der für einen Fachfremden unüberschaubaren Vielfalt der Quellen, der Befunde und ihrer Deutungen bleibt jedoch die materiale Darstellung der Entwicklungen unvermeidlich allzu knapp, damit auch gelegentlich einseitig und in vielfacher Hinsicht verbesserungsfähig.[10]

---

[10] Wesentliche Anregungen für das Folgende verdanke ich Markschies, Christoph: *Zwischen den Welten wandern. Strukturen des antiken Christentums.* Frankfurt a. M. 1997; die einzige umfassende Kirchengeschichte, welche die Entstehung des Christentums in den größeren Kontext der antiken Kultur und Gesellschaft stellt, ist Lietzmann, Hans: *Geschichte der alten Kirche.* 4 Bde. Berlin 1932–1944. Neudruck als Paperbackausgabe in einem Band, Berlin 1999.

1. Zur Entstehung der Urgemeinde

Wo kamen Jesus und seine Jünger her? Aus Galiläa, dem von Jerusalem mehrere Tagereisen entfernten, abgelegensten Teil des jüdischen Gebirgslandes. Seine Anhängerschaft dort dürfte sich im wesentlichen aus den untersten sozialen Schichten rekrutiert haben, und das gilt insbesondere für den engsten Jüngerkreis: Die Fischer unter ihnen, also vor allem Petrus, waren möglicherweise Analphabeten. Falls auch der lukanischen Kindheitsgeschichte ein historischer Kern eigen sein sollte, so ließe sich schließen, daß Josef in der Umgebung von Betlehem Boden besaß und deshalb zum Steuerzensus dort persönlich zu erscheinen hatte. Daß er auch seine hochschwangere Frau Maria auf die beschwerliche Reise mitnahm, deutet darauf hin, daß auch sie Landeigentümerin gewesen ist und dort zu erscheinen hatte.[11] Möglicherweise befand sich die Geburtsstätte Jesu auf dem Grund und Boden seiner Eltern, was auch die spontane Zuwendung der Hirten zu dem Neugeborenen erklären würde.

Die Jugend Jesu fiel in eine überaus unruhige Zeit, in der sich das religiöse Judentum gegen hellenistische Überfremdungstendenzen zu behaupten hatte und in mehrere Parteien zerfiel, unter denen die auf Wahrung der Tradition bedachten Pharisäer und die den Hellenisierungstendenzen wie auch der römischen Besatzungsmacht gegenüber liberaleren Sadduzäer die wichtigsten waren. Aber das einfache Volk, unter dem Jesus im wesentlichen seine Anhänger fand, galt beiden Parteien als minderwertig, und die Galiläer waren dem orthodoxen Judentum in Judäa ohnehin suspekt. Als Jesus mit seinen Anhängern – nach Johannes zum dritten Mal, bei den Synoptikern überhaupt nur einmal – nach

---

[11] Vgl. Rosen, Klaus: Jesu Geburtsdatum, der Census des Quirinius und eine jüdische Steuererklärung aus dem Jahr 127 n. Chr. In: *Jahrbuch für Antike und Christentum* 38 (1995) S. 5–15.

Jerusalem kam, richtete er im Tempelvorhof einen Krawall an, weil er versuchte, die dort etablierten Händler zu vertreiben. Er forderte zudem die herrschende Orthodoxie durch seine Lehre sowie durch die Handlungen seiner Jünger heraus und gewann zweifellos Anhänger auch in den höheren Schichten der Bevölkerung. Schließlich beschloß das Synedrion, die geistliche Behörde des Judentums, ihn zu beseitigen. Nach seiner Gefangennahme klagten sie ihn bei dem sonst in Cäsarea residierenden, jedoch gerade in Jerusalem anwesenden römischen Prokurator Pontius Pilatus an, der Jesus schließlich zum Tode durch Kreuzigung verurteilte.

Nach allgemeiner menschlicher Erfahrung wäre die Angelegenheit damit erledigt gewesen. Vom Typus seiner religiösen Mission her, als selbsternannter Prophet, ja selbst als Messias stand Jesus, so viel zeigen selbst die spärlichen Quellen, damals keineswegs allein. Die Tötung ihres Anführers hätte normalerweise zur Auflösung und Zerstreuung der Anhängerschaft führen müssen, die ja auch hinsichtlich ihrer sozialen Kompetenzen wenig Selbstbehauptungsressourcen mitbrachte. Und wenn schon ein Kreis besonders treuer Jünger nach dem Tode Jesu zusammenblieb, so bleibt es doch weitgehend unerklärlich, weshalb diese eine religiös-soziale Bewegung ins Leben rufen konnten, die sich dauerhaft behauptete und sich sogar in kürzester Zeit in der römischen Provinz Syrien ausbreitete. Wie läßt sich dieses Phänomen – ohne Rekurs auf göttliches Einwirken – verständlich machen?

Der Soziologe Michael Ebertz hat einen solchen Versuch unter Heranziehung der Charisma-Theorie von Max Weber unternommen.[12] Ich kann seine weit ausholende Argumentation hier nur knapp resümieren: Die sozialen Vorausset-

---

[12] Vgl. Ebertz, Michael N.: *Das Charisma der Gekreuzigten*. Tübingen 1987.

zungen habe ich bereits erwähnt. Ebertz führt den Erfolg der Jesus-Bewegung, deren „Jüngerkreis sich ausschließlich aus Angehörigen der marginalisierten jüdischen Bevölkerung Galiläas zusammensetzte und dieser ja auch von außen eindeutig zugeordnet wurde", darauf zurück, daß sie sich der drohenden „sozio-kulturellen Überfremdung durch die ‚Heiden' hier und einer sozio-religiösen Diskriminierung durch das jüdische Zentrum dort" entgegenstemmte und versuchte, die drohende Entwicklung eines Identitätsverlustes „aufzuhalten, zu unterlaufen und ‚umzukehren'"[13].

Die Erfahrung des Kreuzestodes ihres Anführers, der schändlichsten Todesart im Altertum, wurde von ihr im Sinne einer sogenannten ‚Selbststigmatisierung' verarbeitet[14], d. h. in der Übernahme des Stigmas des Gekreuzigten und seiner Umdeutung zum Siegeszeichen des von den Toten Auferstandenen. Es handelte sich hierbei also um eine Art ‚Umkehrung der Welt', wie sie bei charismatischen Bewegungen des öfteren beobachtet worden ist. Diesen Prozeß der Selbststigmatisierung habe Jesus durch seine Lehre bereits eingeleitet insofern, als er seinen Jüngern ein Bewußtsein der Würde und der Erwähltheit gab, ihnen also die Chance einer neuen sozialen Identität vermittelte, mittels deren sie sich gegen die entfremdenden Bedingungen des Hellenismus wie der jüdischen Orthodoxie behaupten konnten.

Zieht man zur Prüfung dieser These die Berichte der Apostelgeschichte über das erste Auftreten der Jünger nach einer mehrwöchigen Zeit der Abgeschlossenheit unter sich und nach dem sogenannten Pfingstereignis heran, so ergeben sich keine Widersprüche, aber eine bedeutsame Lücke in dieser Argumentation. Die Berichte der Evangelien über das

---

[13] Ebd., S. 82 f.
[14] Zum Begriff der Selbststigmatisierung vgl. Lipp, Wolfgang: *Stigma und Charisma. Über soziales Grenzverhalten.* Berlin 1985, S. 79 ff.

Verhältnis des lehrenden Jesus und seiner Jünger lassen immer wieder erkennen, wie er ob ihrem Unverständnis nahezu verzweifelte. Es muß sich also im engeren Kreis seiner Getreuen nach seinem Tode etwas zugetragen haben, das ihnen zum einen eine ganz andere Einsicht in seine Lehre und sein Selbstverständnis und zum anderen eine Überzeugungskraft vermittelt hat, die sich in ihrem anfänglichen, in der Apostelgeschichte berichteten Erfolg niederschlug. Nach der Heilung eines gelähmten Bettlers rechtfertigte Petrus sich bei einem Verhör wie folgt:

„Ihr Führer des Volkes und ihr Ältesten! Wenn wir heute wegen einer Wohltat an einem kranken Manne darüber vernommen werden, durch wen dieser Mann gesund geworden ist, so sei euch allen kundgetan, und darüber hinaus dem ganzen Volk Israel: Im Namen Jesu Christi aus Nazaret, den ihr gekreuzigt habt, den Gott auferweckt hat von den Toten – kraft dieses Namens steht dieser Mann hier geheilt vor euch. Er ist der Stein, der, von euch Bauleuten verworfen, zum Eckstein geworden ist. Durch keinen anderen gibt es das Heil. Es gibt auch keinen anderen Namen unter dem Himmel, der den Menschen dazu gegeben wäre. Durch ihn hat Gott unsere Rettung verfügt!" (Apg 4, 8–12).

Und der Bericht fügt hinzu: „Als sie sahen, wie Petrus und Johannes mit solchem Freimut redeten, während sie doch zugleich feststellen mußten, daß es sich um ungebildete Laien (scil. Analphabeten?) handelte, staunten sie" (Apg 4, 13).

Die These der Selbststigmatisierung, also der Identifikation mit dem Gekreuzigten, kann aus sich heraus noch nicht die Energie und die Überzeugungskraft erklären, welche nicht nur durch die stilisierten Berichte der Apostelgeschichte, sondern offensichtlich auch durch die historische Wirksamkeit dieser Bewegung verbürgt ist. Der hinsichtlich der Ereignisse neutrale Beobachter steht vor der Wahl zwischen zwei ähnlich unwahrscheinlichen Erklärungen: Entweder Jesus ist tatsächlich im Sinne der biblischen Berichte „auferstanden", d. h. dem engsten Kreis seiner Jünger in einer Weise gegenwärtig geworden, die ihnen ein das Maß menschlicher Erfahrung übersteigendes Sendungsbewußtsein und einen im Vergleich zu ihrem bisherigen Leben ungeahnten Zuwachs an geistigen und sozialen Kompetenzen vermittelt hat. Oder es bleibt unerklärlich, warum der Kreis der Jünger mit ihrer Verkündigung einen solch erstaunlichen Erfolg in der kosmopolitischen Stadt Jerusalem hatte. Zwar erscheint es gruppendynamisch nicht ausgeschlossen, daß sich die Vorstellung von der Auferstehung Jesu im Kreise seiner zunächst unter sich bleibenden engeren Getreuenschar auch ohne äußere Einwirkungen verfestigt hätte, *aber es ist völlig unplausibel, daß sich eine solche bloß gruppendynamisch entstandene Überzeugung auch in historisch wirkmächtiger Weise nach außen, ohne den Rückhalt der ursprünglichen Gruppe, hätte verbreiten können.* Für eine ausschließlich profane Erklärung auf der Basis unseres heutigen wissenschaftlichen Wissens bleibt also zumindest der Übergang der charismatischen Kraft des Rabbi Jesus auf seine Jünger ein unlösbares Problem[15].

Bekanntlich berichtet die Apostelgeschichte noch von einem zweiten unmittelbar göttlichen Eingreifen, nämlich der Bekehrung des Christenverfolgers Saulus auf dem Wege nach Damaskus. Hans Lietzmann berichtet über ihn: „Er

---

[15] Überdies ist auch die gruppendynamische Hypothese angesichts der kulturellen Umstände wenig plausibel: „Die Gestalt eines Mensch gewordenen Gottes aber, der seine Leiblichkeit in den himmlischen Zustand mitnähme, war der jüdischen Denkweise so fremd als möglich. Niemals hätte ‚das Unbewußte' galiläischer Fischer mit einem solchen Bilde ihre Depression überwunden." Guardini, Romano: *Der Herr – Betrachtungen über die Person und das Leben Jesu Christi.* Mainz u. Paderborn [16]1997, S. 493.

war in Tarsus geboren als Sohn eines mit dem römischen Bürgerrecht ausgezeichneten Juden vom Stamme Benjamin. Wie der Vater zu dieser Rechtsstellung gekommen ist, wissen wir nicht... Sicher ist, daß der junge Paulus eine gute Ausbildung genoß und neben den Wissenschaften der Schule auch ein Handwerk erlernte: Er ging bei einem Zeltmacher in die Lehre, vielleicht schon in Gedanken an den Beruf eines Rabbi, der freilich Einnahmequellen aus einer Nebenbeschäftigung voraussetzte. Er scheint früh nach Jerusalem gekommen zu sein, denn die Apostelgeschichte läßt ihn erzählen, er sei dort erzogen und ein Schüler des berühmten Rabbi Gamaliel geworden... Daß er eifriger Pharisäer von unbedingter Gesetzestreue gewesen sei und deshalb die neu aufkommende Christensekte nach Kräften gehaßt und verfolgt habe, behauptet er selbst. In der Jerusalemer Gemeinde hat man seine aktive Teilnahme an der Hinrichtung des Stephanus nicht vergessen, und die Apostelgeschichte läßt ihn selbst berichten, wie er auch in andere Städte gereist sei, um dort die Verfolgung der Christen fortzusetzen."[16]

Seine Bekehrung erweckte daher nicht nur den Argwohn der Jerusalemer Urgemeinde, sondern *brachte ein völlig neues, dynamisierendes Moment in die christliche Mission*. Große Teile der Apostelgeschichte berichten von den Auseinandersetzungen zwischen Paulus und den Vertretern der Jerusalemer Gemeinde. Zu deren Haupt war Jakobus, nach der Schrift der Bruder Jesu, bestimmt worden. Hier richtete man sich streng nach den Regeln des orthodoxen Judentums, während sich zwischenzeitlich nicht nur in anderen Ortschaften Judäas, Samarias und Galiläas, sondern auch in der Großstadt Antiochia Gemeinschaften der Anhänger Jesu gebildet hatten. In Antiochia stellte sich zuerst die Frage, in-

---

[16] Lietzmann: a.a.O., I, S.102f.

wieweit auch Nicht-Juden getauft und damit Mitglieder der christlichen Gemeinschaft werden könnten, und inwieweit ihnen damit gleichzeitig die Einhaltung der jüdischen Ritualgesetze zuzumuten sei. Paulus wurde zum Vorkämpfer einer liberalen Behandlung der Heiden-Christen, während Petrus anscheinend eine vermittelnde Stellung zwischen Jakobus und Paulus einnahm (vgl. Apg 15, 1–35).

2. Die Bedingungen der Ausbreitung des Christentums

Wie keine andere ist das Christentum eine geschichtsbewußte und geschichtsverbundene Religion. Vor allem der Verfasser des Lukas-Evangeliums und der Apostelgeschichte, deren gleiche Autorschaft feststeht, gibt vielfältige Hinweise, welche es gestatten, die Geschichte des entstehenden Christentums mit unserem Wissen über die allgemeine Geschichte des syrischen Raumes sowie des gesamten Römischen Reiches zu verbinden. Obwohl uns die Geschichte der frühen Jesus-Bewegung im wesentlichen nur aus Selbstzeugnissen ihrer Anhänger bekannt ist, sind auf diese Weise viele Plausibilitäts-Tests der Berichte möglich. Wenn man an die Schriften des Neuen Testamentes nicht die Maßstäbe neuzeitlicher Geschichtswissenschaft legt, sondern sie wie andere historische Quellen aus den Bedingungen ihrer Entstehungszeit interpretiert, so ergibt sich trotz mancher Ungereimtheiten im einzelnen ein doch beachtlich kohärentes Bild, das unter dem Gesichtspunkt unserer Fragestellung allerdings durch Informationen über die allgemeinen Verhältnisse im Jahrhundert nach dem Tode Jesu ergänzt werden muß. Wie also kam es zur so schnellen Ausbreitung des Christentums innerhalb des Römischen Reiches? Über eventuelle Missionen außerhalb der Reichsgrenzen besitzen wir nur sehr spärliche Informationen.

Fest steht, daß sich die Jesus-Bewegung noch lange Zeit als Element des Judentums verstand und von Nicht-Juden auch so wahrgenommen wurde. Dem scheint der schnelle Bedeutungszuwachs der Heiden-Christen auf den ersten Blick zu widersprechen. *Unser Bild vom Judentum als einer auf das eigene Volk zentrierten Religion ohne missionarische Ambitionen ist jedoch aus dem talmudischen Judentum gewonnen, welches allein die Zeit des Hellenismus überlebt hat.* Das talmudische Judentum kann als Fortsetzung der pharisäischen Richtung verstanden werden, während in hellenistischer Zeit sich ‚offenere' Judengemeinden nahezu im gesamten Römischen Reich fanden und ihrerseits eine bemerkenswerte missionarische Tätigkeit entfalteten.

Offenbar hatten sich lange vor der Entstehung des Christentums bereits Heiden in erheblichem Maße zum jüdischen Glauben bekehrt und wurden als sogenannte Proselyten in die jüdische Gemeinde aufgenommen. Dabei blieb ihnen in der Regel die Beschneidung erspart, allerdings erwarben sie auch nicht alle Rechte der „Volksjuden". Hans Lietzmann schätzt, daß rund 7 % der Einwohner des römischen Imperiums Juden waren, und vergleicht damit die Verhältnisse in Deutschland, wo um 1930 „etwa 1 %, in Frankfurt a. M. 6,3 % der Bevölkerung Juden waren[17]… Diese gewaltige Menschenmasse war aber nicht bloß Zahl und zerstreute Einzelgebilde wie etwa heute die Deutschen in Amerika, sondern eine national und religiös gleichgestimmte und in

---

[17] „Wie es zu diesem riesenhaften Anschwellen der Judenschaft in der Diaspora hat kommen können, ist und bleibt ein Rätsel: Man hat es (nach F. Rosen, *Juden und Phönizier*, 1929) durch die Annahme zu lösen versucht, daß in großem Umfang andere Semiten und speziell die einst verbreiteten, aber allmählich ganz aus unserem Gesichtskreis verschwindenden Phönizier von den Juden aufgesaugt worden seien" (Lietzmann: a.a.O. I, S. 70).

gewissem Sinne organisierte Einheit. Sie betrachteten in ihrer übergroßen Mehrzahl Jerusalem nicht nur als ideale Heimat, sondern auch als religionspolitische Zentrale."[18] Durch regelmäßige Reisen zu den hohen Feiertagen und insbesondere durch die Tempelsteuer blieb dieses Judentum in der Diaspora bis zur Zerstörung Jerusalems im Jahre 70 auch real mit diesem Zentrum verbunden.

Von diesem Zentrum also ging nun eine neue innerjüdische Bewegung aus, d. h., die Mission richtete sich in erster Linie an die Juden in der Diaspora, wie selbst die Berichte des ‚Heidenmissionars' Paulus über seine Missionsarbeit zeigen: Er begann seine Missionstätigkeit stets in der Synagoge, wurde aber meistens nach entsprechenden Auseinandersetzungen von der Synagogengemeinschaft ausgeschlossen und gründete dann mit den inzwischen gewonnenen Anhängern eine eigene Gemeinde. *Wir können als eine erste Bedingung für die rasche Ausbreitung des Christentums die bereits vollzogene Ausbreitung des Judentums im gesamten Römerreich nennen.*

Eine zweite äußerliche Bedingung besteht in den gesicherten Verkehrsverbindungen, welche spätestens seit der Befriedung durch Kaiser Augustus alle Zentren des Reichs verbanden. Und *charakteristischerweise hat sich auch die Mission entlang diesen Verkehrsverbindungen entfaltet.*[19] Vor allem Kaufleute oder mit ihnen reisende christliche Wanderprediger, wie Paulus selbst einer war, dürften schon früh die Kunde von der neuen jüdischen Sekte in der Diaspora bekannt gemacht haben, und ebenso wahrscheinlich auch jene Jerusalem-Pilger, welche die uns unter dem Namen Pfingsten bekannten Ereignisse miterlebt hatten.

---

[18] Lietzmann: ebd.
[19] Vgl. Schaubild bei Andresen, Carl: *Die Kirchen der alten Christenheit.* Stuttgart 1971, S. 22.

Eine dritte der Ausbreitung des Christentums förderliche Bedingung war *die allgemeine Verbreitung einer Verkehrssprache, nämlich des Gemeingriechischen, im Römischen Reich.* Die Schriften des Neuen Testaments sind ursprünglich in dieser Sprache abgefaßt und wurden erst nachträglich ins Hebräische bzw. Aramäische übersetzt. Aber auch die Schriften des Alten Testaments waren in der jüdischen Diaspora längst in einer gemeingriechischen Übersetzung (,Septuaginta') in Umlauf, so daß die vielfältigen Bezüge auf das Alte Testament in den Schriften des Neuen Testaments keine Übersetzungsleistung erforderten. *Die neue Lehre hat sich also von Anfang an in einem vereinheitlichten hellenistischen Kulturraum entfaltet, zu dem allerdings ihre ursprünglichen Anhänger in einem kritischen bis ablehnenden Verhältnis standen.* Da jedoch bereits der Jerusalemer Urgemeinde nicht nur ,Hebräer', sondern auch ,Griechen', also griechisch sprechende Juden, angehörten (Apg 6, 1) und es in der Folge gerade diese griechischsprachigen Juden waren, welche die Mission nach Judäa und Samarien trugen (Apg 8, 1.4), ist also die Mission von Anfang an griechischsprachig gewesen. Insofern fällt es auch schwer, von einer nachträglichen Hellenisierung der ursprünglich jüdischen Botschaft zu sprechen.

2.2 Zur Attraktivität des Christentums in der religiösen Konkurrenzsituation

Die äußeren Bedingungen einer raschen Ausbreitung waren somit gegeben, doch kann dies natürlich die spezifische Plausibilität oder Überzeugungskraft der neuen Lehre in keiner Weise erklären. Zum einen gab es innerhalb des Judentums ohnehin viele unterschiedliche Richtungen, so daß eine mehr an sich wohl kaum besondere Aufmerksamkeit erzeugt hätte. Zum anderen fällt die Ausbreitung des Christentums in eine Zeit, die als religiös äußerst bewegt zu gelten hat. Die römische Religionspolitik war nämlich – abgesehen von der gebotenen Verehrung der Göttin Roma, der diejenige des Kaisers zur Seite gestellt wurde – sehr tolerant hinsichtlich der Verbreitung unterschiedlicher Kulte. Das galt auch für Rom selbst, wo schon in den Jahrhunderten vor Christi Geburt nicht nur die griechischen, sondern auch zahlreiche orientalische Gottheiten Heimatrecht gefunden hatten, und offensichtlich von vielen gleichzeitig verehrt wurden. „Solche ‚kumulative' Frömmigkeit, die Kulte verschiedenster Herkunft zu integrieren vermochte, hielt sich bis weit in die Spätantike hinein."[20] Gerade im 1. und 2. Jahrhundert nach Christus drängten weitere orientalische Kulte nach Westen, und eine schwer faßbare Zeitströmung, die wir mit dem Begriff der ‚Gnosis' verbinden, erfaßte auch das Judentum und Teile des Christentums. *Worin also, so wollen wir fragen, bestand die spezifische Differenz des Christlichen, und weshalb erwies sich dieses als so attraktiv, daß sich das Christentum in dieser vielfältigen Konkurrenz jüdischer und heidnischer Strömungen behaupten und schließlich als überlegen herausstellen konnte?*

Christoph Markschies nimmt zu dieser Frage wie folgt Stellung: „Ein Stück weit wird die Erklärung des Aufstiegs des Christentums in der Antike schon deswegen ein Rätsel bleiben, weil die Quellen nur sehr spärlich überliefert sind oder gar ganz fehlen: Psychologisch auswertbare Bekehrungsberichte existieren kaum. Nur eine sorgfältige Inventarisierung von Charakteristika des antiken Christentums wird die vielfältigen Faktoren zusammenbringen, die für die vergleichsweise schnelle Ausbreitung und erstaunliche Privilegierung dieser Religion verantwortlich sind: Dazu als besondere Stärke des Christentums sicher seine das gesamte Leben umgreifende und regelnde Totalität, die Einfachheit

---

[20] Markschies: a.a.O., S. 53.

seiner Dogmatik und Präzision seiner ethischen Regeln und das Angebot von gestalteter Frömmigkeit. Daneben beeindruckte offensichtlich der konsequente Monotheismus, der gleichwohl eines Menschen Existenz in das Leben Gottes zu integrieren vermochte; die Sicherstellung einer Verbindung zu diesem Gott durch Gebet, Gottesdienst, Sakrament und Fürbitte der religiösen Spezialisten."[21]

Ich breche an dieser Stelle das Zitat ab, um darauf hinzuweisen, daß all diese Momente mehr oder weniger auch für das Judentum gelten. Wo also liegt die spezifische Differenz? Deutliche Unterschiede treten dagegen bei den nachfolgend ebenda aufgeführten Faktoren auf: „Das Moment des Staunens über die aufrechte Haltung der Märtyrer, das entbehrungsreiche Leben der Asketinnen und Asketen und die Prachtentfaltung der Organisation Kirche seit dem 4. Jahrhundert darf aber auch nicht unterschätzt werden. Schließlich sind Wunder und Exorzismen bzw. die Berichte darüber zu nennen; die Attraktivität von Märtyrern und heiligen Frauen und Männern."

Dies alles trifft jedoch erst für die Jahrzehnte vor und nach der Konstantinischen Wende zu. Soziologisch interessanter sind folgende von Markschies erwähnte Faktoren: „Gewiß faszinierte auch der innergemeindliche, ja reichsweite Zusammenhalt unter den Christen, ihre Witwen- und Waisenfürsorge, die Gastfreundschaft – das alles suchte in der Antike seinesgleichen. Christ zu sein brachte mehr Protektion und Hilfe für das alltägliche Leben, als man als paganer Civis Romanus je bekommen konnte. Ein weiterer Anlaß, Christ zu werden, lag höchstwahrscheinlich in der Offenheit der Bewegung für alle Schichten und für beide Geschlechter."[22]

---

[21] Markschies: a.a.O., S. 229.
[22] Markschies: a.a.O., S. 229 f.

Versucht man, diese stark synthetisierende Betrachtungsweise von Markschies etwas phasenspezifisch aufzuglie-
dern, so steht zu vermuten, daß am Anfang die Kunde von
dem gekreuzigten und wieder zum Leben gekommenen Jesus als dem Messias und die Zentralelemente seiner Lehre
als Nächstenliebe und Nachfolge geeignet waren, das Interesse eines jüdischen Publikums zu erwecken, und daß diese
Botschaft durch sehr überzeugend wirkende Wanderprediger
auch emotional bewegend vermittelt wurde. Die zahlreichen Zeugnisse der Herabkunft des sogenannten Heiligen
Geistes, vermutlich also ekstatische Momente, welche
schließlich in der Gemeinde zu Korinth die Zusammenkünfte so störten, daß Paulus sich veranlaßt sah, sie mit
sehr vorsichtigen Worten einzugrenzen (vgl. 1 Kor, Kap. 12–
14), mögen zur Beglaubigung der Botschaft beigetragen haben. Die nach diesen Missionen sich bildenden Gemeinden
orientierten sich am *christlichen Ethos der Nächstenliebe,*
das sich vor allem auch in Gastfreundschaft und Mildtätig-
keit äußerte und damit einen unmittelbar praktischen Sinn
entfaltete, der gleichzeitig der Glaubwürdigkeit diente. Bemerkenswert war offensichtlich auch die Norm, auf persön-
liches Ansehen zu verzichten und im Hinblick auf die kommende Gottesherrschaft alle Menschen, auch die Sklaven,
als gleiche anzuerkennen.[23]

Zu betonen bleibt die *sekundäre Zweckmäßigkeit einer*
primär ideell motivierten Verhaltensänderung. Daß das
Christentum in einer tendenziell pluralistischen Religions-
kultur und angesichts allgemeiner Permissivität gerade
durch seine moralischen und asketischen Forderungen
attraktiv werden konnte, setzt einen Überdruß oder eine

---

[23] Vgl. Judge, E. A.: Gesellschaft/Gesellschaft und Christentum III: Neues
Testament, in: *Theologische Realenzyklopädie,* Bd. 12. Berlin/New York
1984, S. 767.

Desorientierung durch diese Situation voraus, welche genauer zu erkunden wäre.

Nachhaltig wirksam dürfte die *hohe Organisationsfähigkeit des Christentums* gewesen sein. Offenbar gelang es von Anfang an, trotz der nur vorübergehenden Anwesenheit der wandernden Propheten und Glaubenszeugen, gemeindliches Zusammenleben zu stabilisieren. Die gemeindliche Organisation nahm dabei unterschiedliche Formen an; die Leitung erfolgte vornehmlich durch mehrere ‚Presbyter‘ (Älteste) oder durch einen ‚Episkopos‘ (Bischof). Es gehörte offensichtlich zum gemeindlichen Selbstverständnis, sich selbst als Teil eines größeren Ganzen zu verstehen und deshalb auch die Kontakte zu anderen Gemeinden zu pflegen. Obwohl also das alte Christentum durch die Zerstörung Jerusalems seines Zentrums noch in einem weit instabileren Zustand beraubt wurde als das Judentum, vermochte es sich aus sich selbst heraus in einem polyzentrischen Netzwerk zu stabilisieren, in welchem die großen Städte der Antike – Rom, Alexandrien, Antiochia und Karthago – Knoten erster Ordnung bildeten. Die Ablösung dieses christlichen Polyzentrismus durch die Bipolarität von Rom und Byzanz gehört bereits in den Zusammenhang der nachfolgenden Fragestellung.

Schließlich sei ein Gesichtspunkt erwähnt, auf den vor allem die Religionstheorie René Girards aufmerksam macht: die Überwindung der Blutopfer.[24] Berücksichtigt man, daß alle Tieropfer mit intensiven Geruchserfahrungen verbunden waren, welche affektuelle Erregungszustände stimulierten, so ist die Vergeistigung des Religiösen, die schon bei den

---

[24] Vgl. Girard, René: *Des choses cachées depuis la fondation du monde.* Paris 1978; hierzu auch: Kaufmann, Franz-Xaver: Macht Zivilisation das Opfer überflüssig? In: *Zur Theorie des Opfers.* Hrsg. v. Richard Schenk. Stuttgart-Bad Cannstatt 1995, S. 173–187.

jüdischen Propheten angelegt war, als ein zivilisatorischer Quantensprung zu werten, der der Überwindung des Menschenopfers – in der jüdischen Tradition faßbar in der Erzählung von Abraham und Isaak – vergleichbar ist. In dieser Perspektive erhalten die Worte Jesu: „Das ist mein Fleisch … das ist mein Blut" einen uns heute kaum mehr verständlichen, nämlich die Fleisch- und Blutopfer überwindenden Sinn. Die Eucharistie als gemeinschaftliche Erinnerung des Todes Jesu brachte somit eine unblutige religiöse Ästhetik zum Tragen, deren zunehmende kulturelle Plausibilität im Kontext des Hellenismus einer genaueren Prüfung wert wäre.

3. Zum politischen Erfolg des Christentums

In der alten Kirchengeschichte, zumal der katholischen, ist wesentlich mehr von der politischen Verfolgung der Christen als von ihrem allmählichen sozialen Aufstieg die Rede. Wahrscheinlich hatte das Christentum, dessen erste Anhängerschaft erkennbar aus den Am-ha'arez, den würdelosen jüdischen Unterschichten, stammte, zunächst größeren Erfolg in den wenig angesehenen Schichten der jüdischen und zunehmend auch der paganen Bevölkerung, also insbesondere unter Sklaven und Freigelassenen. Offensichtlich erhielt die Bewegung aber auch die Unterstützung wohlhabender Bürger, unter denen sich Bekehrte fanden, die ihre Häuser für die Zusammenkünfte der jungen Christengemeinden zur Verfügung stellten. Erst ab der zweiten Hälfte des 3. Jahrhunderts tauchen spezifische Kirchengebäude auf.

Im 3. Jahrhundert zeigten sich bereits deutliche Merkmale einer örtlichen und überörtlichen Organisation des Christentums, auch in der Form überörtlicher Bischofssynoden. Dennoch wird man das Ausmaß der christlichen Mission nicht überschätzen dürfen. Das Christentum blieb immer noch auf bestimmte Gegenden beschränkt und erreichte auch dort nur eine kleine Minderheit der Bevölkerung. So wurde der Umfang der Gemeinde in Rom um die Mitte des 3. Jahrhunderts auf 7000 Mitglieder bei einer Einwohnerzahl von ca. 700 000 Menschen geschätzt, was also einem Christianisierungsgrad von einem Prozent entspräche.[25] Im Ostteil des Reichs, insbesondere in Kleinasien, war allerdings die Christianisierung weiter fortgeschritten.

3.1 Desorganisationstendenzen im Kaiserreich

Stellt man diesen geringen Grad der Christianisierung um die Mitte des 3. Jahrhunderts in Rechnung, so erscheint es doch als sehr überraschend, daß nur 60 Jahre später das Christentum sich kaiserlicher Unterstützung erfreute und dann binnen zweier weiterer Generationen zur Reichsreligion aufstieg. Dieser politische Erfolg des frühen Christentums ist um so bemerkenswerter, als dieses sich selbst ja in deutlicher Distanz zu jeder Politik stehend verstand, ohne irgendwelche revolutionären Absichten zu hegen. Aber *es war gerade diese Distanz zum römischen Staat, die Weigerung, die Symbole der Staatseinheit – die Göttin Roma und den Kaiser – zu verehren, welche zuerst die Aufmerksamkeit der politischen Behörden auf das Christentum lenkte und Anlaß für die meisten Christenverfolgungen bot.*

Betrachten wir auch hier zunächst die äußeren Bedingungen: Das 1. und 2. nachchristliche Jahrhundert waren die Glanzperiode des Imperiums, das durch die Sicherheit des Handels und Verkehrs sowie eine weitgehende Einheitlichkeit der Zivilisation der reibungslosen Ausbreitung des Christentums Vorschub leistete. Das 3. Jahrhundert dage-

---

[25] Grant, R. M.: *Christen als Bürger im Römischen Reich.* Göttingen 1981, S. 16; nach Markschies (a. a. O., S. 181) eine eher optimistische Annahme.

gen zeichnete sich durch wachsenden Druck an den Grenzen im Norden und Osten, durch politische Instabilität, durch ökonomische Krisen und wachsende geistige Verunsicherung aus.

Vor allem ging der römische Charakter des Reiches mehr und mehr zugrunde. Die Kaiser stammten nicht mehr aus der römischen Aristokratie, im Heereswesen gewannen die Barbaren zunehmend Einfluß, und die senatorischen Legaten wurden durch Berufsoffiziere ausgeschaltet. Das römische Bürgerrecht wurde auf alle Freien des Reiches ausgedehnt. Die römische Identität des Reiches zerfiel, Rom selbst war nun nicht mehr alleiniges kaiserliches Zentrum, sondern die Kaiser und ihre Cäsaren residierten in Städten wie Trier, Ravenna oder Nikomedien. Die Besetzung des Kaiserthrons wurde eine Frage militärischer Machtverhältnisse: Zwischen 235 und 284 gab es über 30 sogenannte ‚Soldatenkaiser', welche fast alle eines gewaltsamen Todes gestorben sind. Das 3. Jahrhundert war auch eine Zeit tiefgreifender wirtschaftlicher Veränderungen: Die bisherige Sklavenwirtschaft war mangels Zuflusses neuer Sklaven nicht zu halten. Inflation und wachsende Steuern ließen das Bürgertum verarmen. All dies hatte auch kulturelle und religiöse Folgen:

„Ungenügen und Unsicherheit des Individuums in den traditionellen Ordnungen führten zu einer folgenreichen Veränderung in der Mentalität der Gesellschaft. Die Religion des heidnischen Polytheismus und die damit eng zusammenhängende klassische Bildungswelt wurden mehr und mehr verdrängt durch neue Glaubens- und Denkformen. Eine erhöhte religiöse Erregbarkeit kennzeichnete die Menschen. Am auffallendsten war das Vordringen orientalischer Kulte und Mysterienreligionen, gefördert durch die Rekrutierung von Teilen der Armee aus dem Osten. Der persische Mithras, die phrygische Kybele, der Sonnengott von Emesa,

Isis und Serapis, Sol Invictus – sie alle fanden zunehmend Gläubige und Gemeinden unter der Reichsbevölkerung. Dazu trat die Lehre der Gnosis mit dem schroffen Dualismus von Geist und Materie als Religion vor allem der Gebildeten. Randerscheinungen der religiösen Situation waren ein wilder Synkretismus und ein ungeheurer Aufschwung von Astrologie, Magie und Zauberei."[26]

Aus diesen Tendenzen zur inneren Desorganisation des Reiches führte Ende des 3. Jahrhunderts die bedeutende Persönlichkeit des Kaisers Diokletian heraus, welcher das Reich nicht nur administrativ zu einigen wußte, sondern auch seine symbolische Einheit zu stärken suchte. Er wird als Pragmatiker beschrieben, „der zugleich unerschütterlich an Mithras, den Gott der Legionäre, als ‚unbesiegbare Sonne' und an eine ewige Ordnung der Welt glaubte, deren Geheimnisse die Astrologie enträtseln kann"[27]. Sein Kampf gegen das Christentum ist ihm wohl zunächst von seinen Mitregenten im Osten des Reichs aufgenötigt worden, aber schließlich kann die mit seinem Namen verbundene diokletianische Christenverfolgung doch als die größte reichsweite Aktion gegen die im Osten mittlerweile offenbar auch am Hofe und in der Armee zu einem gewissen Einfluß gelangten Christen gelten. In den vierzig Jahren zuvor hatte sich das Christentum nämlich weitgehend ungestört ausbreiten können. Im Westen allerdings galt das Christentum anscheinend nur als einer von vielen östlichen Kulten, die zu jener Zeit als monotheistische oder henotheistische Erlösungsreligionen um die Gunst des Publikums warben.

[26] *Fischer-Weltgeschichte*, Bd. 9: *Die Verwandlung der Mittelmeerwelt*. Frankfurt a. M. 1968, S. 29.
[27] *Fischer-Weltgeschichte*, Bd. 9, S. 33.

3.2 Erklärungsversuche der ‚Konstantinischen Wende'

Die sogenannte Konstantinische Wende, also die entschiedene Förderung des Christentums im Westen durch den im Jahre 312 an der Milvischen Tiber-Brücke vor Rom siegreichen Kaisersohn Konstantin, bleibt ein nach wie vor umstrittenes Thema der Kirchen- und Profangeschichte. Während Hans Lietzmann die tatsächlichen Sachverhalte als durch sowohl christliche als auch heidnische Legendenbildung weitgehend verdunkelt einschätzt[28], vermutet Carl Andresen, Konstantin sei angesichts der Konzessionen, die bereits sein Gegner Maxentius den Christen im Westen gemacht hatte, gar nichts anderes übriggeblieben, als dessen Begünstigung noch zu überbieten.[29] Dieses politische Kalkül erscheint jedoch nur plausibel, wenn man auch im Westen bereits einen maßgeblichen politischen Einfluß der Christen vermutet, was eher unwahrscheinlich ist.

Soziologisch interessant ist die schon vor längerer Zeit geäußerte Hypothese Karl-Heinz Messelkens, die Entscheidung Konstantins zur Förderung des Christentums sei im Interesse einer neuen, zukunftsträchtigen religiösen Integrationsstrategie des Reiches erfolgt. Es habe im Spannungsfeld zwischen der rationalistischen Philosophie und den tradierten Formen des Volksglaubens einen starken Hunger nach neuer Religion gegeben, den zu stillen allerdings die verschiedenen östlichen Kulte grundsätzlich ähnlich geeignet gewesen seien. „Denn sie boten alle einen entsprechenden Ausgleich zwischen einerseits relativ rationaler Weltinterpretation, die die Fülle der Naturkräfte von letztenendes einem einzigen Geist durchwaltet vorstellt und damit dem der Zivilisation gewachsenen und übrigens auch der Einheitlichkeit der Zivilisation und ihrer zentrali-

---

[28] Vgl. Lietzmann: a. a. O. III, S. 59–62.
[29] Andresen: a. a. O., S. 316.

stisch-autoritären politischen Leitung entsprechenden Bewußtseinsstand der Menschen gerechter wurde; und andererseits relativ massiver Befriedigung des ungebrochenen Verlangens der Menschen nach Geborgenheit im Kosmos."[30] Daß gerade das Christentum erfolgreich wurde, führt er auf dessen *größere Widerstandsfähigkeit gegenüber den die gesamte Antike prägenden synkretistischen, d. h. unterschiedliche Kulte kombinierenden Tendenzen* zurück: „Im Widerstand gegen die synkretistische Umarmung aber qualifizierte sich das Christentum bald schon als die prinzipielle Alternative zu allem Konventionellen, nicht bereit, sich durch Verschnitt mit anderen religiösen Phänomenen in seinen Konturen und damit auch als programmatischer Kontrast verwischen zu lassen. Je fundamentaler danach die Probleme wurden – oder wenigstens empfunden wurden, die das Imperium Romanum politisch, wirtschaftlich und sozial bedrängten, desto größer wurde auch die Chance für die christlichen Gesinnungs- und Gesittungsmuster, gerade mit ihrer oppositionellen Radikalität als Lösung für diese Probleme in Betracht gezogen zu werden."[31]

Der doktrinale und wohl auch bereits institutionelle Vorsprung, den das Christentum in Auseinandersetzung mit den gnostischen und sonstigen synkretistischen Tendenzen des Altertums errungen hatte, muß jedoch durch die erneute Betonung des Faktors der *Offenheit des Christentums für jedermann* ergänzt werden. Hier konnte nun auch das Judentum jener Zeit nicht mehr mithalten, da es nach der Zerstörung Jerusalems stark unter die pharisäisch-rabbinische Richtung des Talmuds geraten war, welche erneut den

---

[30] Karl-Heinz Messelken: Zur Durchsetzung des Christentums in der Spätantike. Strukturell-funktionale Analyse eines historischen Gegenstandes. In: *Kölner Zeitschrift für Soziologie und Sozialpsychologie* 29 (1977) S. 261–294, Zitat S. 272.

[31] Ebd., S. 273.

völkischen Charakter des Glaubens und die nur durch Abschließung nach außen zu erhaltende Reinheit der Synagoge betonte.

Schließlich wird man – unabhängig von der Frage, ob der Sieg an der Milvischen Brücke durch die besondere Anrufung des Christengottes zustande gekommen sei – die *Persönlichkeit Konstantins* in Rechnung stellen müssen: Gegen die bereits von Jacob Burckhardt vertretene These, Konstantin habe sich dem Christentum aus kühler politischer Berechnung zugewandt, weil er einen neuen Glauben als „geistiges Ferment für den Neubau des Reiches" brauchte, wendet Franz-Georg Maier m. E. zu Recht ein, daß dies „Constantin in der damaligen Situation eine allzu prophetische Einsicht in die Möglichkeiten des Christentums unterstellt. Constantin besaß offenbar eine Art religiöser Disposition und hat lange nach Glaubensgewißheiten irgendeiner Form gesucht. Er begann als Anhänger des Sol Invictus, um später diesen Soldatenglauben gegen einen mit dem Kult Apollons verbundenen Monotheismus philosophischer Form einzutauschen, der ihn Schritt für Schritt zum neuen Glauben führte. Möglicherweise unter den Eindrücken der großen Verfolgung kam er zur Begegnung und Auseinandersetzung mit dem Christentum. Es ist freilich offensichtlich, daß mancher dieser Schritte sich später auffällig gut in sein politisches Kalkül einfügte."[32] Und es kann hinzugefügt werden, daß bereits Konstantins Vater Konstantius als Cäsar in dem vergleichsweise stark christianisierten Trier residierte, wo er die Edikte der diokletianischen Christenverfolgung nur lax handhabe.[33]

---

[32] *Fischer-Weltgeschichte*, Bd. 9, S. 13.
[33] Vgl. Barlow, Jonathan: The Legitimisation of the Franks: Continuity and Discontinuity in Religious Ideology in Late Antiquity. In: *Religion in the Ancient World*, ed. by Matthew Dillon. Amsterdam 1996, S. 1–15.

Diese Interpretation bündelt sozusagen den säkularen Selektionsprozeß zwischen den konkurrierenden Religionen in der Person des in der Folge zur höchsten Machtfülle aufsteigenden Konstantin, welcher dann die entscheidenden Gewichtsverlagerungen zugunsten des Aufstiegs des Christentums bewirkt habe. Es ist auch aus soziologischer Sicht durchaus nicht unplausibel, daß strukturelle Lagen, welche bestimmte Entwicklungen begünstigen, durch mehr oder weniger zufällige Einzelereignisse ihre entscheidende Veränderung erfahren. Ob es ohne Konstantin und seinen Sieg an der Milvischen Brücke auch zum reichsweiten historischen Erfolg des Christentums gekommen wäre, ob sich also das Christentum aufgrund seiner geistigen und moralischen Überlegenheit allein allmählich in dem spätantiken Mischmasch der Kulte als überlegenes Glaubens- und Orientierungssystem herausgestellt hätte, muß offenbleiben. Allerdings setzt diese Formulierung der Frage bereits eine typisch moderne Perspektive voraus: Es ist höchst unwahrscheinlich, daß die Religionsfrage in der Antike nicht so oder so zu einer Machtfrage geworden wäre.

3.3 Rom und Byzanz

Fest steht, daß Konstantin das Christentum nicht nur als ‚erlaubte Religion‘ den übrigen Kulten gleichstellte, sondern seine Ausbreitung und seine innere Geschlossenheit zu seiner eigenen Sache gemacht hat. Er berief im Jahre 325 die erste reichsweite Synode (‚ökumenisches Konzil‘) nach Nizäa in seine Sommerresidenz ein, um die Meinungsverschiedenheiten über den Termin des Osterfestes und zahllose weitere Divergenzen unter den regionalen Kirchen zu klären und insbesondere die sich anbahnende arianische Kirchenspaltung zu verhindern.

Wesentliche Impulse gegen die mit seiner politischen Anerkennung drohende Verweltlichung des Christentums gingen im 4. Jahrhundert von dem zunächst in Ägypten unter
den Kopten entstehenden, geregelten *Mönchtum* aus, das
zwar in Spannung zum Klerikerstatus entstanden ist, jedoch
schon bald zu einem wichtigen Reservoir des Bischofsnach-
wuchses wurde.[34] Nach einem kurzen Intermezzo durch
Kaiser Julian, der 362 die bereits stark geschwächten alten
Kulte wiederzubeleben suchte, richtete sich die Politik der
nun durchwegs christlichen Kaiser auf die allgemeine Verbreitung und Vereinheitlichung des Christentums. So wurde
unter Kaiser Theodosius (379–395) das Christentum der ni-
zänisch-römischen Observanz zur allgemein verbindlichen
Religion auch im Osten des Reichs. Aber trotz dieser dok-
trinpolitischen Vereinheitlichung blieb die Spannung zwischen der römischen und der byzantinischen Kirche bestehen, ja sie vertiefte sich mit dem Verlust der griechischen
Bildung und dem Zusammenbruch des Weströmischen
Reichs zur politischen und kulturellen Kluft. Augustinus,
der Bischof von Hippo in Nordafrika, oft als ‚Vater des
Abendlandes' apostrophiert, wurde der erste Kirchenlehrer,
der nur noch spärlich Griechisch verstand.[35]

Während sich im Osten eine enge Symbiose zwischen by-
zantinischem Kaisertum und Kirche entwickelte, nahm die
Kirche im Westen eine distanzierte Haltung zur politischen
und sozialen Verfassung Roms ein. Diese Distanz erleichterte die Assimilation der eindringenden ‚Barbaren': *Das*
Christentum erwies sich nunmehr als Repräsentant einer
offenbar überlegenen Kultur, die es selbst zwar nicht ge-
schaffen, aber durchdrungen hatte.

---

[34] Vgl. Lietzmann: a. a. O. IV, S. 125–174.
[35] Vgl. Marrou, Henri. I.: Von der Christenverfolgung Diokletians bis zum
Tode Gregors des Großen. In: *Geschichte der Kirche.* Hrsg. v. L. J. Rogier
u. a., Bd. 1, Einsiedeln 1963, S. 235–453, hier S. 332–337.

Es war im vorangehenden selten von Kirche, dafür zunächst von Jesus und seiner Anhängerschaft oder der von ihr ausgehenden religiös-sozialen Bewegung die Rede, und dann schließlich vom Christentum. Will man sich nicht von vornherein auf den Standpunkt einer bestimmten Konfession stellen, sondern die *historische Wirksamkeit der von Jesus ausgehenden sozio-religiösen Bewegung in ihrer ganzen Breite* in Betracht ziehen, so bietet sich der *Begriff des Christentums* fast zwangsläufig an. Zwar scheint auch ‚Christen‘ ursprünglich eine Fremdbezeichnung gewesen zu sein (vgl. Apg 11,26), das Wort wurde aber spätestens ab Ende des 1. Jahrhunderts auch als Selbstbezeichnung geläufig. Die historische Identifizierbarkeit des Christlichen wird dabei durch den Umstand wesentlich erleichtert, daß bereits um die Wende zum 2. nachchristlichen Jahrhundert eine Kodifizierung derjenigen Schriften sich vollzog, welche wir heute als die Überlieferung des Neuen Testamentes bezeichnen. Ein Vergleich dieser Schriften mit konkurrierenden christlichen, jüdischen und gnostischen Schriften zeugt – wenn nicht von dem oft beschworenen Wirken eines ‚Heiligen Geistes‘ – zum mindesten vom Qualitätssinn und dem Einheitsstreben der damaligen Christen. Im Vergleich zu den apokryphen Berichten über das Leben Jesu bestechen die vier Evangelien durch eine bemerkenswerte Nüchternheit und doktrinale Homogenität.

Dieser doktrinale Rahmen hat jedoch eine interne Diversifizierung und sich bis zu Religionskriegen steigernde Auseinandersetzung zwischen christlichen Glaubensgemeinschaften und ihren politischen Repräsentanten nicht verhindert. Dabei haben sie sich die Anerkennung als ‚Kirchen‘, d. h. ursprünglich: als legitime christliche Gemeinden der ‚Herausgerufenen‘, zunehmend abgesprochen. Eine einzige ‚Kirche‘ im Sinne der doktrinären Einheitlichkeitsvorstellungen der römischen Kirchenbehörden hat es nie gegeben, die Einheit des christlichen Glaubens bestand seit den Zeiten der Apostel aus einer Pluralität der Traditionen, wie auch die Schriften des Neuen Testaments zeigen. Obwohl das Gebot ihres Stifters sie zu eben dieser Einheit ermahnt hat und die Ökumene aller Christen im 20. Jahrhundert erneut zu einer Zielvorstellung geworden ist, hat sich die Geschichte des Christentums in der Form unterschiedlicher doktrinaler und kultischer Traditionen in unterschiedlichen politischen, ökologischen und kulturellen Kontexten entwickelt und zu verschiedenen Symbolsprachen gefunden.

Das Evangelium wurde für vieles in Anspruch genommen, und christliches Gedankengut ist sozial wirksam stets nur in Verbindung mit den primär profanen Merkmalen der jeweiligen gesellschaftlichen Verhältnisse geworden. Von Christentumsgeschichte können wir daher nur im Sinne unterschiedlicher sozialer Inkulturationen des Christentums und ihrer Sequenzen sprechen. Trotz ihrer doktrinalen und sonstigen Unterschiede standen jedoch die meisten ‚Kirchen' untereinander im Kontakt und beeinflußten sich auch in der Polarisierung ihrer Glaubensauffassungen. Das berechtigt, trotz des Pluralismus der Kirchentümer vom Christentum als einem historischen Zusammenhang zu sprechen. Die mächtigste soziale Inkulturation des Christentums war zunächst die byzantinische, später die lateinische ‚Christenheit'.[36]

---

[36] Knappe Versuche einer zusammenfassenden Darstellung der Christentumsgeschichte im hier verstandenen Sinne haben Albert Mirgeler: *Kritischer Rückblick auf das abendländische Christentum* (Mainz 1961, Taschenbuch Freiburg i. Br. 1969) und Alois Dempf· *Religionssoziologie der Christenheit. Zur Typologie christlicher Gemeinschaftsbildungen* (München und Wien 1972) vorgelegt. Vgl. auch *Geschichte des Christentums*. Hrsg. v. John McManners. Frankfurt u. New York 1993 (engl. Oxford 1990).

III. Das Christentum und die europäische Freiheitsgeschichte

In dem Maße, als sich das Christentum zur herrschenden Religion entwickelte, wurde sein Überleben in der Geschichte weniger von seiner inneren Plausibilität und der Überzeugungskraft eines von ihm motivierten Ethos als von den jeweiligen Machtverhältnissen abhängig. Die Erfolgsgeschichte des lateinischen Christentums darf nicht darüber hinwegtäuschen, daß schon das Eindringen fremder Völker in den Raum des römischen Weltreiches vielfach zur Zerstörung regionaler Kulturen und mit ihnen des dort lebendigen Christentums geführt hat, soweit nicht die eindringenden Völker selbst christianisiert wurden. Vor allem aber hat die *Ausbreitung des Islam* einen Großteil der Kerngebiete des antiken Christentums rund um das Mittelmeer zerstört. Daß davon insbesondere christliche Traditionen betroffen wurden, die – wie z.B. der Arianismus – von den historisch überlebenden byzantinischen und lateinischen Traditionen als häretisch gebrandmarkt worden waren, hat zur doktrinalen Homogenität des Christentums beigetragen. Aber trotz der mehr oder weniger ökumenischen Konzilien blieb die Spannung zwischen Byzanz und Rom nicht nur eine politische, sondern auch eine doktrinale. Der endgültigen Spaltung der lateinischen und der byzantinischen Christenheit (1054) gingen fortgesetzte Auseinandersetzungen voraus. Daß in der Folge Byzanz ebenfalls ein Opfer der muslimischen Machtentfaltung wurde, hat auch mit seiner Schwächung und später mit seiner mangelnden Unterstützung durch die lateinische Christenheit zu tun. Der Untergang des Byzantinischen Reichs hat die welthistorische Dominanz des römischen Papsttums befestigt. Aber auch die lateinische Christenheit blieb vom 8. Jahrhundert bis zur

Niederlage der Türken vor Wien (1683) vom Islam umklammert, was den der Aufklärung vorangehenden Angst- und Schuldkomplexen im Abendland eine spezifische Färbung gegeben hat.[37]

In diesem Kapitel geht es um den Zusammenhang zwischen der historischen Wirksamkeit des Christentums und der Entstehung der europäischen Freiheitsgeschichte, die ein wesentliches Moment auch unserer Gegenwart darstellt. Ich konstruiere also einen bestimmten historischen Zusammenhang, indem ich aus dem letztlich unentwirrbaren Geflecht historischer Ereignisse bestimmte herausgreife und die zwischen ihnen plausibel zu machenden Beziehungen für besonders bedeutungsvoll erkläre. Bildlich gesprochen könnte man das Christentum als eine wichtige ‚Wurzel' der europäischen Freiheitsgeschichte bezeichnen. Das Bild der Wurzel soll hier besagen: Es werden den vielfältigen historischen Prozessen immer wieder bestimmte ideelle Energien zugeführt, die ihre Richtung beeinflussen.

Gegen die Suche nach den Wurzeln, Ursprüngen oder gar historischen Ursachen komplexer zeitgenössischer Phänomene lassen sich eine Reihe wissenschaftlicher, ideologiekritischer, methodischer und natürlich in jedem Einzelfall auch sachlicher Einwände vorbringen. Gerade die Frage nach dem Einfluß des Christentums auf die Entstehung dessen, was wir gerne die moderne Welt nennen, kann als Paradebeispiel für die Vielschichtigkeit solcher Einwände dienen. Ich erinnere lediglich an zwei sich über Jahrzehnte hinziehende internationale Debatten, nämlich über Max Webers These vom Einfluß des Puritanismus auf die Entste-

---

[37] Vgl. Delumeau, Jean: *Angst im Abendland. Die Geschichte der kollektiven Ängste im Europa des 14. bis 18. Jahrhunderts.* 2 Bde. Reinbek bei Hamburg 1985 (franz. Paris 1978); ders.: *La culpabilisation en Occident (XIIIe XVIIIe siècles).* Paris 1983.

hung des modernen Kapitalismus[38] und über die These Georg Jellineks vom Ursprung der modernen Menschenrechte in der Forderung nach Gewissens- und Religionsfreiheit[39]. Daß diese Fragen so viel wissenschaftliche Energie zu mobilisieren vermochten, zeigt jedoch auch, daß – zum mindesten in den Geisteswissenschaften – es oft die nicht abschließend beantwortbaren Fragen sind, welche zu besonders fruchtbaren wissenschaftlichen Kontroversen führen. Es handelt sich hierbei oft um *ideenpolitische Fragen*, welche einen notwendigen Überschuß über die im strengen Sinne wissenschaftlich zu beantwortenden Fragen beinhalten, deren Erörterung jedoch gleichzeitig für den Fortgang unserer kulturellen Selbstverständigungsprozesse von entscheidender Bedeutung ist. Auch die hier aufgeworfene Frage nach dem Überleben des Christentums in der Moderne ist eine ideenpolitische und keine im strengen Sinne wissenschaftliche Frage.

Wenn demgegenüber der Einwand erhoben wird, daß die Zusammenhänge zu vielfältig, die Ursachenketten zu gebrochen, die Zurechnungen zu beliebig seien, so möchte ich dem die Vermutung entgegensetzen, daß Faktoren, die langfristig wirksam sind, auf die Dauer einen nachhaltigeren Einfluß auf bestimmte Entwicklungen ausüben als mittelfristige Konjunkturen oder gar kurzfristige Ereignisse. Zu diesen nicht bloß säkularen, sondern millenären Faktoren gehören die ideellen Momente des Christentums, deren stets erneute und oft unterschiedliche Auslegungen doch in der Dauerhaftigkeit der ihnen zugrunde liegenden zentralen Dokumente – etwa dem Alten und dem Neuen Testament

---

[38] Vgl. zusammenfassend: *Seminar: Religion und gesellschaftliche Entwicklung. Studien zur Protestantismus-Kapitalismus-These Max Webers.* Hrsg. v. Constans Seyfarth und Walter M. Sprondel. Frankfurt a. M. 1973.
[39] Vgl. zusammenfassend: *Zur Geschichte der Erklärung der Menschenrechte.* Hrsg. v. Roman Schnur. Darmstadt 1964.

oder auch dem Nizänischen Glaubensbekenntnis – ein fortgesetztes Korrektiv fanden. Mit der kirchlichen Institutionalisierung des Christentums bildeten sich zudem konfessionelle Traditionen, welche in Verbindung mit anderen, durchaus profanen Faktoren spezifischere Entwicklungsrichtungen bald nahelegten, bald legitimierten.

Im folgenden sei die These begründet, daß der von Max Weber so genannte abendländische Sonderweg *kulturell* in hohem Maße von den christlichen Freiheits- und Gleichheitsvorstellungen orientiert (Abschnitt 1) und *strukturell* vom Kampf der Kirche um politische Unabhängigkeit vorangetrieben wurde (Abschnitt 2).[40] Daß im Zuge der europäischen Staatenbildung dem Christentum sodann eine höchst ambivalente Funktion zuwuchs, sei in Abschnitt 3 verdeutlicht.

1. Die metaphysische Transzendenz Gottes und die Entstehung des abendländischen Person- und Freiheitsbegriffs

Judentum und Christentum unterschieden sich von den übrigen Kulten der Antike durch die Art ihres Gottesglaubens. Nicht nur, daß der Glaube sich auf einen einzigen Gott bezog, das galt auch für andere vorderasiatische Religionen wie den Mithras-Kult. Der entscheidende Unterschied bezog sich auf die Unsichtbarkeit und Weltenthobenheit dieses Gottes, was in der Folge philosophisch als *metaphysische Transzendenz* bezeichnet wurde. Gott ist der ‚ganz

---

[40] Ich beschränke mich also auf einen bei Max Weber und Talcott Parsons wenig akzentuierten Ausschnitt aus der Gesamtargumentation zum Zusammenhang von Christentum und der Entstehung der modernen Welt. Zur Ergänzung sei insbesondere hingewiesen auf Parsons, Talcott: Christianity. In: *International Encyclopedia of the Social Sciences.* Hrsg. v. David L. Sills. New York und London 1968, Bd. 2, S. 425–447.

Andere', dessen Namen die Juden nicht einmal auszusprechen wagten. *Gott gehört nicht zum Kosmos der Welt, sondern er ist der Schöpfer dieser Welt und damit ihr allmächtiges Gegenüber.* Religionsgeschichtlich hat sich der strenge Monotheismus im alten Israel erst allmählich entwickelt und wurde vor allem durch die Propheten durchgesetzt. In diesem Zusammenhang ist daran zu erinnern, daß die Tradition des jüdischen Gottesglaubens ihre uns überlieferte Form im Horizont der babylonischen Exilserfahrung gewonnen hat. Der „Gott Israels" wurde seit dem Auszug aus Ägypten bereits als „Befreier aus der Knechtschaft" dargestellt, doch sonst spielte die Freiheitsthematik im alten Judentum kaum eine Rolle.[41]

Im Neuen Testament erscheint Jesus als „Sohn des Vaters", der die Menschen durch seinen Tod aus den Fesseln der Sünde erlöst und zur Wahrheit *befreit*. Das Verhältnis Jesu zu dem allmächtigen und einen Gott, von dem er als seinem Vater sprach, bildete den zentralen Punkt der theologischen Auseinandersetzungen vom 4. bis zum 7. Jahrhundert, und es wurde auf den Konzilien von Chalzedon (451) und auf dem dritten Konzil von Konstantinopel (680/81) für das römische und byzantinische Christentum in dem Sinne geklärt, daß Jesus Christus zwei Naturen – eine göttliche und eine menschliche – besitze und daß diesen zwei Naturen auch zwei zu unterscheidende Willen – ein göttlicher und ein menschlicher – entsprächen; diese Lehre wurde bis heute von einigen orientalischen Kirchen wie der koptischen und der syrischen Kirche nicht angenommen. In unserem Zusammenhang ist die Zwei-Naturen-Lehre deshalb wichtig, weil sie erneut – selbst in der Person Jesu Christi –

---

[41] Soweit es die Geschichte der Freiheitsthematik betrifft, orientiere ich mich vor allem an W. Warnach und R. Spaemann: Freiheit. In: *Historisches Wörterbuch der Philosophie*. Hrsg. v. J. Ritter und K. Gründer. Bd. 2, Basel 1972, Sp. 1064–1098.

die unaufhebbare Differenz zwischen Gott und Welt bestätigte. Gott ist demzufolge zwar in der Person Jesu Christi in die Welt gekommen, doch bleibt sein Reich „nicht von dieser Welt" (Joh 18,36).

Diese Spannung zwischen ‚Gott' und ‚Welt' ist für den abendländischen Sonderweg von entscheidender Bedeutung geworden. Da hier im Unterschied zu allen anderen bisherigen Religionen das Göttliche von der Welt völlig getrennt wurde, entfielen die ideellen Grundlagen für alle Formen der Naturreligiosität oder der Magie. Die Welt wurde unter dem Einfluß von Judentum und Christentum mehr und mehr *entzaubert.* Dies war ein langsamer Prozeß, der bis an die Schwelle der Neuzeit dauerte, als die modernen Wissenschaften sich anschickten, die Welt in ihren Eigenarten ganz aus sich selbst zu erklären. Wenn der 1986 verstorbene Künstler Joseph Beuys in einem seiner vielen religiös provozierenden und inspirierenden Werke eine landläufige italienische Herz-Jesu-Darstellung nahm und sie 1971 dadurch zu einem seiner Werke machte, daß er sie mit der eigenhändigen Aufschrift „Christus – der Erfinder der Dampfmaschine" versah, so ist das keineswegs als Blasphemie zu verstehen, sondern als Erinnerung an eben diesen Zusammenhang, den der Philosoph Arnold Gehlen auf die Formel brachte, daß „der Monotheismus selbst zu den intimen Voraussetzungen der Naturwissenschaften gehört"[42].

Hier wollen wir jedoch nicht dem von Max Weber ausführlich dargestellten Zusammenhang zwischen jüdisch-christlicher Tradition und dem okzidentalen Rationalisierungs-

---

[42] Vgl. hierzu Kaufmann, Franz-Xaver: Joseph Beuys – Homo religiosus. In: *Joseph Beuys – Skulpturen und Objekte.* Hrsg. von Heiner Bastian. München 1988; wieder abgedruckt in Kaufmann, Franz-Xaver: *Religion und Modernität – Sozialwissenschaftliche Analysen.* Tübingen 1989, S. 172–195, hier S. 181f.

prozeß[43], sondern dem in etwa parallelen Zusammenhang zwischen Christentum und der Entwicklung von Idee und institutioneller Praxis der Freiheit nachgehen.

‚Freiheit' wirkt zwar als eine der großen Leitideen der abendländischen Entwicklung, aber was im einzelnen darunter zu verstehen ist, darüber streiten sich Philosophen, Juristen und Sozialwissenschaftler bis heute.[44] Für unsere Zwecke sei zunächst nur eine allgemein akzeptierte Grundunterscheidung eingeführt: Freiheit beinhaltet entweder einen rechtlichen Status oder eine Eigenschaft von Personen.

Freiheit als rechtlicher Status bedeutete ursprünglich „die Zugehörigkeit zu einer schützenden Gemeinschaft"[45]. Die gewährleistete Freiheit als Rechtsstatus setzt die Freiheit von äußerer Bedrohung und innere Befriedung des Gemeinwesens, also äußere und innere Sicherheit voraus. Freiheit als Rechtsstatus ist uns heute in der Form verfassungsmäßig gewährleisteter Freiheits- und Partizipationsrechte sowie als rechtsstaatlicher Schutz geläufig. Diese Idee findet sich bereits in der griechischen Antike als das in der freiheitlichen Ordnung der Polis gewährleistete Recht der Bürger, die als ‚Freie' sich von den ‚Unfreien', d. h. den Hausgenossen, Sklaven und Zugewanderten unterschieden. Sie findet sich aber auch im Mittelalter als ‚libertas' bestimmter Korporationen (vgl. 2.3).

---

[43] Vgl. insbesondere Weber, Max: Zwischenbetrachtung. Theorie der Stufen und Richtungen religiöser Weltablehnung. In: ders.: *Gesammelte Aufsätze zur Religionssoziologie*, Bd. I. Tübingen 1934, S. 536–573.

[44] Vgl. als begriffsgeschichtlichen Überblick Bleicken, Jochen u. a.: Freiheit. In: *Geschichtliche Grundbegriffe. Historisches Lexikon zur politisch-sozialen Sprache in Deutschland.* Hrsg. v. Otto Brunner, Werner Conze u. Reinhart Koselleck. Bd. 2, Stuttgart 1979, S. 425–542.

[45] Ebd., S. 425.

Freiheit als Eigenschaft von Personen ist eine bewußt vieldeutige Formulierung, denn ihre Präzisierung führt in die Philosophiegeschichte der Freiheit, die uns hier insoweit beschäftigen soll, als für sie der christliche Impuls von Bedeutung ist. Dieser christliche Impuls hat zu einer charakteristischen ‚*Verinnerlichung*‘ *des Freiheitskonzeptes* geführt, so daß heute der Mensch trotz aller biologischen und sozialen Bedingungen überwiegend als ‚seinem Wesen nach frei‘ verstanden wird. Weder in der griechischen noch in der römischen Philosophie war in diesem Sinne von ‚Freiheit‘ die Rede, obwohl natürlich vielfältige Formen menschlichen Urteilens und Handelns reflektiert wurden.[46] Dagegen haben schon die frühen christlichen Philosophen sich ausdrücklich der dem Neuen Testament entnommenen Freihcitssemantik bedient, um das Verhältnis von Gott und Mensch genauer zu bestimmen.

Grundsätzlich frei ist, dem biblischen Verständnis zufolge, nur der eine Gott. Doch es steht dem Schöpfer der Welt frei, auch dem Menschen Freiheit zu schenken, und eben dies unterscheidet letzteren von den Tieren und gibt ihm seine spezifische Würde. Dieser Gedanke wurde in vielfältiger Weise zur Grundlage einer christlichen Anthropologie. Für den frühchristlichen Denker Origenes beispielsweise ist der Mensch frei, indem er in einer grundlegenden Weise auf Gott als das Gute schlechthin ausgerichtet ist, und es ist seine Lebensaufgabe, den ‚göttlichen Geist‘, der in ihm wohnt, zur Wirkung auch in der Welt kommen zu lassen. Dieser Gedanke wurde später in der byzantinischen Theologie noch dahingehend vertieft, daß dem Menschen die Möglichkeit und Aufgabe seiner fortschreitenden Angleichung an „dic Natur bzw. Person des Menschen im Gottmenschen Christus" gegeben ist. So wird „Freiheit ... die eigentliche (göttliche) Weise des Menschen, zu sein, nämlich als Per-

---

[46] Vgl. Wunsch u. Spaemann: a. a. O., Sp. 1064–1074.

son"[47]. Die Personalität des Menschen wurde also aus der Personalität Gottes abgeleitet und damit der bereits in der Schöpfungsgeschichte zu findende Gedanke der *Gott-Eben-bildlichkeit des Menschen* auf eine neue Stufe gehoben. Diese *metaphysische* Perspektive wurde für die mittelalterliche und neuzeitliche Bestimmung der *Person als Inbegriff menschlicher Freiheit* wegleitend.[48]

Doch für die abendländische Entwicklung wurde zunächst der lateinische Kirchenvater *Augustinus* maßgebend. Sein Denken kreiste nicht um die unmittelbare Gottesbeziehung des Menschen, sondern um dessen *Sündhaftigkeit*. In Auseinandersetzung mit dem Manichäismus, der das Böse als ein selbständiges Gegenprinzip zum Guten postulierte, formulierte er die Freiheit des Menschen als ‚liberum arbitrium', als ‚freier Wille', oder als Vermögen, zwischen Alternativen zu wählen und sich zu entscheiden. Das Böse entspringt dieser Auffassung zufolge nicht einem eigenständigen Prinzip, sondern „allein dem freien Wollen der Menschen. Dieses böse Wollen ist aber, weil Verfehlen des Gesollten, nicht Ausdruck der Macht, sondern der Ohnmacht des Menschen, die ihrerseits eine Folge der Ursünde ist"[49].

Die Augustinische Problemstellung des *Freien Willens* bestimmte in der Folge den Hauptstrang des mittelalterlichen Nachdenkens über Freiheit bis hin zu Luther, der gegen die Radikalisierung der Willensfreiheit mit seiner Schrift „De servo arbitrio" opponierte. Eine breite mittelalterliche

---

[47] Ebda., Sp. 1080.
[48] Vgl. insbesondere Oeing-Hanhoff, Ludger: Trinitarische Ontologie und die Metaphysik der Person. In: ders.: *Metaphysik und Freiheit. Ausgewählte Abhandlungen.* Hrsg. v. Theo Kobusch u. Walter Jaeschke. München 1988, S. 133–165, sowie weitere Abhandlungen in diesem Band.
[49] Wunsch u. Spaemann: a. a. O., Sp. 1082.

Auseinandersetzung über das Verhältnis von menschlicher *Natur* und göttlicher *Gnade* setzte sich im calvinistischen Prädestinationsglauben einerseits und im sog. Gnadenstreit zwischen Dominikanern und Jesuiten andererseits fort.

Doch für unsere Thematik ist der andere, mit dem Begriff der *Person* verbundene Denkstrang der wichtigere. Er wird im wesentlichen durch die franziskanische Tradition des mittelalterlichen Denkens von Alexander von Hales über Bonaventura zu Duns Scotus und Wilhelm von Ockham repräsentiert, welche wesentliche Momente des neuzeitlichen Freiheitsdenkens präformiert haben.[50] Die entscheidende Weichenstellung ergibt sich hier aus der von Alexander von Hales eingeführten *Unterscheidung des natürlichen, des rationalen und des moralischen Seins.* Die Kategorie der Substanz wurde nun der natürlichen, die Kategorie der Vernunft der rationalen und die Kategorie der Person der moralischen Ordnung des Seins zugeordnet.

Die Person wurde hier als ,ens morale' bestimmt, d. h. *was eine Person ist, läßt sich nur aus ihrem Verhältnis zu anderen Personen bestimmen, und dieses Verhältnis äußert sich im Willen zur Anerkennung der je spezifischen Würde, welche ihr in ihrer Eigenart zukommt.* Dieser Gedanke wurde zunächst wiederum trinitätstheologisch entwickelt, d. h., er sollte das Verhältnis der göttlichen Personen ausdrücken. Er enthält in seiner Übertragung auf den Menschen aber bereits die wesentlichen Elemente des neuzeitlichen Zusammenhangs von menschlicher Freiheit als Sittlichkeit, d. h. der frei gewollten Anerkennung der Freiheit des Mitmenschen als Bedingung der eigenen Freiheit bei Hegel.

---

[50] Vgl. Kible, B. Th.: Person II. In: *Historisches Wörterbuch der Philosophie,* Bd. 7. Basel 1989, Sp. 283–300, hier Sp. 288f., 293f.; sowie weiterführend Kobusch, Theo: *Die Entdeckung der Person. Metaphysik der Freiheit und modernes Menschenbild.* Freiburg i. Br. 1993.

Hier wurde also zum ersten Mal die Eigenständigkeit des Problems menschlicher Ordnung in Abhebung von dem der natürlichen Ordnung bedacht, und diese Differenz entsteht aus der Anerkennung der Freiheit als spezifischer Differenz der Person im Verhältnis zur Vernunft und zur Natur.[51] Menschliches Handeln ist nicht primär technischer oder rationaler, sondern *moralischer Natur*, weil es Ausdruck des autonomen Willens ist. Und in dieser Fähigkeit zur Freiheit besteht die Würde des Menschen, auf die Pico della Mirandola in seinem neuerdings viel zitierten, jedoch aus dieser Perspektive weniger innovativen denn transitorischen Traktat „De dignitate hominis" rekurrierte.[52]

Die Bestimmung des Menschen als ‚ens morale', d.h. als rechtsfähige Person, fand in der Folge ihre praktische Ausformulierung im scholastischen Naturrechtsdenken der Spanier, etwa bei Francisco Suárez, und von dort fand der Gedanke über Hugo Grotius Eingang in die Naturrechtslehren der Aufklärung.[53]

---

[51] „Man muß sich die Tragweite und Bedeutung des Beginns dieser Lehre von der Person im 13. Jh. klarmachen. Hier wird zum ersten Mal der Mensch als Person, d.h. insofern ihm die Seinsweise des *esse morale* zukommt, mithin der Mensch als Wesen der Freiheit, das als solches Würde besitzt, für die Metaphysik thematisch. Die aristotelische Metaphysik ist in Wirklichkeit ja eine Dingontologie, denn ihre Prinzipien sind alle im Hinblick auf die Dinge der Natur gewonnen (Form und Materie, Sein und Wesen usw.)" (Kobusch: a. a. O., S. 27).

[52] Pico della Mirandola, Giovanni: *Über die Würde des Menschen* (1486). Aus dem Neulateinischen übertragen von Herbert Werner Rüssel. Zürich ³1992.

[53] „Das europäische freiheitliche Naturrecht als Gegenspieler der absolutistischen Lehren nahm von Spanien seinen Ausgang, wurde auf dem von ständischem Leben erfüllten Boden der Niederlande rezipiert und erfüllte in vielen Variationen, ob durch Althusius oder die englischen Theoretiker, die politische Ideenwelt Europas, auch Nordeuropas" (Oestreich, Gerhard: Strukturprobleme des europäischen Absolutismus [1969]. In: ders.: *Geist und Gestalt des frühmodernen Staates. Ausgewählte Aufsätze.* Berlin 1969, S. 179–197, hier S. 180).

Dieser Transfer einer ursprünglich theologischen Lehre in den philosophischen Zusammenhang der Aufklärung stellt einen wesentlichen Aspekt dessen dar, was gemeinhin unter dem Begriff der Säkularisierung abgehandelt wird, dazu unten mehr. *Daß der aufklärerische Mensch sich selbst als autonomes Wesen verstehen kann, wird nur verständlich vor dem Hintergrund einer ursprünglich am Wesen des transzendenten Gottes gewonnenen Idee der Autonomie.* Dies hat auch Hegel deutlich gesehen: „Daß aber der Mensch an und für sich frei sei, seiner Substanz nach, als Mensch frei geboren – das wußte weder Plato noch Aristoteles... Erst in dem christlichen Prinzip ist wesentlich der individuelle persönliche Geist von absolutem Werte... In der christlichen Religion kam die Lehre auf, daß vor Gott alle Menschen frei, daß Christus die Menschen befreit hat, sie vor Gott gleich, zur christlichen Freiheit befreit sind. Diese Bestimmungen machen die Freiheit unabhängig von Geburt, Stand, Bildung usf. Und es ist ungeheuer viel, was damit vorgerückt worden ist."[54]

2. Die strukturelle Bedeutung des Christentums für die modernisierende Transformation der europäischen Gesellschaft

Wir haben bisher die kulturell-geistigen Impulse verfolgt, die vom christlichen Freiheitsdenken ausgegangen sind und bis zur Anerkennung unveräußerlicher Menschenrechte in den modernen Verfassungen, ja selbst durch die Vereinten Nationen in der Allgemeinen Menschenrechtserklärung und im Pakt der Menschen- und Freiheitsrechte auf Weltebene geführt haben. Dieser kulturelle Entwicklungsprozeß vollzog sich jedoch in Wechselwirkung mit strukturellen Veränderungen der abendländischen Gesellschaft, welche

---

[54] Hegel, Georg Wilhelm Friedrich: *Einleitung zur Geschichte der Philosophie, Sämtliche Werke.* Hrsg. v. H. Glockner. Stuttgart 1927, Bd. 17, S. 79f.

wir nunmehr in aller Kürze unter dem Gesichtspunkt der Wirksamkeit christentümlicher Eigenarten in Betracht zu ziehen haben. Hierzu ist auf gesellschaftstheoretische Überlegungen zurückzugreifen.

2.1 Die Massivität traditionaler Sozialzusammenhänge

Vormoderne Gesellschaften sind durch sogenannte segmentäre Gesellschaftsstrukturen gekennzeichnet, d. h., ein kulturell und sozial akzeptables Leben setzt die Eingliederung in ein bestimmtes soziales Segment – insbesondere in einen bestimmten hauswirtschaftlichen Verband – und in einen bestimmten Herrschaftsbereich voraus. Die hier interessierenden Hochkulturen beruhten seit jeher auf der *Landwirtschaft als dominantem Produktions- und Versorgungszusammenhang,* und diese ist nahezu zwangsläufig räumlich, d. h. *durch unterschiedliche Rechte an Grund und Boden geordnet.* Die Bevölkerung war seßhaft, und eben deshalb ganz in einen bestimmten Sozialverband integriert.

Hochkulturelle ‚Reiche' entstanden seit dem 3. Jahrtausend vor Christus vor allem im Gebiet des Nils sowie von Eufrat und Tigris. Hier gewann das menschliche Zusammenleben also eine höhere Komplexität. Dementsprechend entwickelten sich hier auch höhere Formen der Religion sowie Schriftlichkeit als Medium, welches wesentliche Aspekte des geltenden Wissens – insbesondere bezüglich des Rechts und der Religion – festzuhalten gestattete. Soweit uns solche schriftlichen Zeugnisse erhalten geblieben sind, erlauben sie uns einen gewissen Einblick in das damalige Selbst- und Weltverständnis. Charakteristisch ist dabei die enge Verknüpfung von religiöser und politischer Herrschaft, ja vielfach galt der König selbst als göttliches Wesen, von dem die gute Ordnung der Gesellschaft abhängt.

Von individueller Freiheit konnte hier keine Rede sein. Es herrschte eine dichte soziale Kontrolle, und die im Regelfalle mündliche Weitergabe von Traditionen setzte einen hohen Grad an Homogenität des Wissens voraus. Der Mensch erfuhr sich hier nicht als „Individuum", d. h. wörtlich als „Unteilbares", sondern als Teil eines größeren Ganzen. Wir können davon ausgehen, daß diese umfassenden lebensweltlichen Arrangements eine hohe Kohärenz aufwiesen, der sich niemand entziehen konnte. Ein Leben außerhalb von Gruppenzugehörigkeiten war praktisch kaum möglich, und ein dichtes Kollektivbewußtsein legitimierte und schützte den sozialen Zusammenhang. *Wie also konnte es überhaupt zur Sprengung derartiger Zusammenhänge im Sinne einer freiheitsförderlichen Entwicklung kommen?*[55]

2.2 Die Ermöglichung religiöser Distanz

Auch die jüdische Religion ist entstanden als Religion eines Volkes, das unter der Führung Davids um 1000 v. Chr. ein eigenes Reich gründete, welches in der Folge von den Assyrern und Babyloniern zerstört worden ist. Aber *der Gott dieses Volkes war nie mit der politischen Herrschaft identisch;* vielmehr war er der unsichtbare, der eigentliche Herr des Volkes, der im übrigen nicht nur zum Volke, sondern auch zu bestimmten Individuen – wie Abraham, Hjob oder den Propheten – gesprochen und an ihren persönlichen Glauben appelliert hat. *Gerade darin liegt in religionsvergleichender Sicht das grundsätzlich Neue der jüdischen und in der Folge der christlichen Religion: Sie sind nicht*

---

[55] Für eine ausführlichere Behandlung dieser Fragestellung vgl. Kaufmann, Franz-Xaver: Religion and Modernity in Europe. In: *Journal of Institutional and Theoretical Economics (Zeitschrift für die gesamte Staatswissenschaft)* 153 (1997) S. 80–96.

bloßer Kult, sondern sie verlangen ‚Glauben'.[56] Das Judentum dürfte auch einer der frühesten Fälle sein, wo sich ein sozialer Verband im wesentlichen durch seinen religiösen Glauben und nicht durch politische Vergemeinschaftung seine Identität durch die Jahrhunderte bewahrt hat.

Was das Christentum betrifft, so ist es in weitestgehender Distanz zu den herrschenden politischen Verhältnissen entstanden, wurde jedoch durch die ‚Konstantinische Wende' selbst zum Bestandteil der herrschenden Verhältnisse (vgl. II.3). Allerdings hat sich das für die einzelnen christlichen Bekenntnisse aufgrund ihrer unterschiedlichen regionalen Verteilung sehr verschieden ausgewirkt. Im Byzantinischen Reich kam es zu einer erneuten Symbiose zwischen Religion und Politik, insofern das byzantinische Kaisertum sich nicht nur in der von Konstantin begründeten Tradition als Schutzherr der Kirche verstand, sondern von seiten der Theologie selbst in die Rolle des an Gottes Statt die Geschicke des Gemeinwesens lenkenden Herrschers gehoben wurde: „Gott bringt durch sein göttliches Walten die Schöpfung in eine geordnete Harmonie, die unter seiner absoluten Herrschaft steht; auf ähnliche Weise bringt der Kaiser die Menschheit im Rahmen eines universellen christlichen Staates in eine geordnete Harmonie, die unter der kaiserlichen absoluten Herrschaft steht."[57]

Im Westen dagegen fiel die Durchsetzung des Christentums mit dem Zusammenbruch der kaiserlichen Ordnung und dem Eindringen der sogenannten Barbaren zusammen. „Die Bekehrung zum Christentum war Teil des Vorgangs, durch den die Germanen – wenigstens bis zu einem gewissen

---

[56] Vgl. Eliade, Mircea: *Kosmos und Geschichte*. Reinbek 1966, S. 91 ff.
[57] Ware, Kallistos: Die östliche Christenheit. In: *Geschichte des Christentums*. Hrsg. v. John McManners. Frankfurt a. M. / New York 1993,. S. 133–173, Zitat S. 137.

Grade – romanisiert wurden und dadurch imstande waren, mit den Bürgern des römischen Reiches zusammenzuleben."[58] Die Kirche nahm dabei eine distanzierte Haltung zur politischen und sozialen Verfassung Roms ein und erleichterte dadurch die Christianisierung der Eindringlinge. Das historisch wirkungsvollste Dokument dieser Distanz ist Augustinus' „De Civitate Dei".

Der Bischof von Rom gelangte dank dieser Situation in eine weitgehend autonome Position, aus der sich das Selbstverständnis des Papsttums entwickelt hat.[59] Dieses Selbstverständnis äußerte sich schon Ende des 5. Jahrhunderts in der Zwei-Gewalten-Lehre des Papstes Gelasius I., der zufolge dem Kaiser und dem Bischof von Rom unterschiedliche Aufgaben zukämen. Der Kaiser habe in Dingen, die den Glauben und die kirchliche Disziplin betreffen, der „geheiligten Autorität der Bischöfe" zu gehorchen. Aber es dauerte noch rund 600 Jahre, bis diese Lehre – nunmehr verdichtet zum monokratischen Anspruch des Papsttums – historisch wirkmächtig werden konnte.

Was im Vorangehenden über das Leben im alles umfassenden Sozialverband gesagt wurde, galt auch für das Frühmittelalter. In den germanischen Reichen entwickelte sich die sog. *Lehensordnung*, der zufolge unterschiedliche Rechte an Grund und Boden bestanden, die vom obersten Lehensgeber

---

[58] Momigliano, Arnaldo: Christentum und Niedergang des Römischen Reiches (1963). In: *Der Untergang des Römischen Reiches*. Hrsg. von Karl Christ. Darmstadt 1970, S. 404–424, Zitat S. 423.
[59] Die meisten Papstgeschichten beschreiben die Entwicklung des Problems von einem personenbezogenen Standpunkt aus und vor dem Hintergrund des heutigen, konfessionalisierten Bewußtseins. Eine Ausnahme bildet Schimmelpfennig, Bernhard: *Das Papsttum: von der Antike bis zur Renaissance*. Darmstadt [4]1996, der die institutionellen Entwicklungen sowie die ökonomischen und politischen Kontexte hervorhebt.

– in der Regel einem König – abgeleitet wurden.[60] Wie schon innerhalb des Byzantinischen Reiches, so entstand auch innerhalb des Fränkischen Reiches seit der Kaiserkrönung Karls des Großen durch Papst Leo III. (800) eine enge Symbiose zwischen geistlicher und weltlicher Gewalt. Dabei verstand sich Karl der Große in der Nachfolge des israelitischen Königs David und fühlte sich auch für die kirchlichen Verhältnisse verantwortlich, d. h., er suchte die Zuständigkeit des Papstes auf die rein geistlichen Belange zu beschränken.[61] So entwickelte sich innerhalb des fränkischen und nachher auch des deutschen Kaiserreiches eine *politische Oberhoheit über die Kirche*, die sich auch in der Einsetzung (Investitur) der geistlichen Herren – Bischöfe, Äbte u. ä. – äußerte. Von der Mitte des 9. bis zur Mitte des 11. Jahrhunderts war überdies das Papsttum tief in die gewaltsamen Konflikte der römischen Geschlechterherrschaft verstrickt, so daß ihm schon von daher geringe Autorität zukam. Es waren deutsche Kaiser, die sich zuerst um eine Reform der Kirche bemühten. Diese Reforminitiativen führten jedoch nicht nur zu einer Wiederherstellung der gesamtkirchlichen Autorität des Papsttums, sondern gleichzeitig zu einem tiefgreifenden Konflikt zwischen Kaiser und Papst, den Eugen Rosenstock-Huessy als die erste abendländische Revolution bezeichnet hat.[62]

---

[60] Zur „archaischen Ganzheit" der frühmittelalterlichen Gesellschaftsordnung vgl. Bosl, Karl: *Die Grundlagen der modernen Gesellschaft im Mittelalter*. 2 Halbbde. Stuttgart 1972, S. 47ff.

[61] Vgl. hierzu Mayer-Harting, Henry: Der Westen: Das Zeitalter der Bekehrung (700–1050). In: *Geschichte des Christentums*, a. a. O., S. 101–131, hier S. 110–120.

[62] Vgl. Rosenstock-Huessy, Eugen: *Die europäischen Revolutionen*. Moers ⁴1987.

Damit gelangen wir zum *Ausgangspunkt der institutionellen Freiheitsgeschichte Europas*. Die Forderung nach „libertas" war nämlich ursprünglich keine Forderung des einzelnen, sondern die Forderung bestimmter Korporationen, und allen voran der religiösen.

Schon im 10. Jahrhundert entstand in Frankreich und Deutschland eine religiöse Reformbewegung, die wesentlich breiter war als die heute zumeist erinnerte cluniazensische Klosterreform. Infolge einer Reihe unfähiger Herrscher war das Karolingerreich schwach geworden; die Bischofswürde von Rom war zum Streitgegenstand römischer Adelsgeschlechter verkommen; Normannen, Sarazenen und Ungarn hatten weite Landstriche Westeuropas bei ihren Beutezügen geplündert und zerstört; in weiten Gebieten lagen die Grundherren in permanenter Fehde untereinander, das Raubrittertum florierte. Selten läßt sich in der Geschichte des Abendlandes so sehr eine direkte gesellschaftliche Wirkung christlichen Gedankenguts und kirchlicher Führerschaft feststellen wie in dieser Situation. Es war vor allem die Aufforderung, wenigstens an kirchlichen Feiertagen den *Gottesfrieden* zu wahren, deren Befolgung zu einer Begrenzung des Fehderechts und in der Folge zur allmählichen Wiederherstellung von Ordnung im Sinne eines *politischen ‚Landfriedens'* führte. Gleichzeitig wurden die Klöster zu Zentren des Wiederaufbaus und der Kultur. Bemerkenswert ist jedoch, daß diese Reformbewegungen nicht allein von den Klöstern, sondern ebensosehr von den Laien, sprich den Lehensherren ausgingen, und als solcher verstand sich auch der Kaiser gegenüber dem Papsttum. So haben sich die Kaiser Otto III., Heinrich II. und Heinrich III. um die *Wiederherstellung des Papsttums als reichsweitem Sacerdotium* und um die Kirchenreform bemüht. Dies nahm jedoch eine überraschende, die Kirchenhoheit des Kaisers in Frage stellende Wendung.

Im Jahre 909 war in Burgund die Abtei Cluny gegründet worden, und zwar mit für jene Zeit ungewöhnlichen Privilegien: Papstunmittelbarkeit, Unverletzlichkeit des Klostergutes und freie Abtswahl durch die Mönche. Üblicherweise gehörte das Klostergut in jener Zeit einem weltlichen Lehensherrn, der auch die Äbte einsetzte, häufig seine unverheirateten Verwandten. Ähnliches galt auch für die Bischofssitze, und nicht selten wurden zudem erhebliche Summen für die Erlangung kirchlicher Ämter gefordert und bezahlt (Simonie). *Die politische und ökonomische Unabhängigkeit kirchlicher Einrichtungen wurden zum Leitbild der cluniazensischen Reformbewegung, welche die „libertas ecclesiae", die Freiheit der Kirche von der politischen Herrschaft der Zeit forderte.* Als entscheidendes Moment galt dabei die Forderung, daß geistliche Ämter nur von Klerikern und durch Kleriker verliehen werden dürften. Dem stand jedoch das hergebrachte Lehensrecht entgegen.

Der Streit eskalierte, als der Cluniazenser-Mönch Hildebrand im Jahre 1073 als Gregor VII. zum Papst gewählt wurde. Charakteristischerweise forderte er in seinem ‚Dictatus Papae' (1075) nunmehr seinerseits die Oberhoheit über den Kaiser: Das Kaisertum sollte ein Lehen der Kirche werden. *Beide Parteien gingen somit von einer eindimensionalen Vorstellung von Herrschaft aus, in der geistliches und weltliches Element ungeschieden enthalten waren.* Diese unversöhnbaren Positionen führten zur Absetzung des Papstes durch den Kaiser und zur Bannung des Kaisers durch den Papst und entfesselten jenen furchtbaren reichsweiten Bürgerkrieg, der als Investiturstreit in die Geschichte eingegangen ist.

Auf der Basis der bisherigen Rechtsauffassungen gab es keine Lösung dieses Streits, denn Kaiser und Papst beanspruchten gleichermaßen das Recht, Bischöfe und Äbte einzusetzen. In diesem Konflikt entwickelte sich allmählich

die *Unterscheidung zwischen den geistlichen und den welt-*
lichen Funktionen der Prälaten, und es kam schließlich zu
einem innovativen Kompromiß im Rahmen des sog. Wormser Konkordates von 1122, nämlich zur Trennung zwischen
kirchlicher Weihe und Lehensübertragung. Die Investitur
eines Bischofs oder Abtes vollzog sich seit dieser Zeit als
zweistufiger Prozeß: Der König oder Lehensherr übergab die
Lehensrechte (ausgedrückt durch das Zepter), die die Weihe
vollziehenden Kleriker übergaben Ring und Stab als Ausdruck der geistlichen Gewalt.

Damit gelang etwas bisher nie Dagewesenes, nämlich die
institutionelle Differenzierung zweier gleichberechtigter,
unabhängiger Gewalten auf ein und demselben Territo-
rium. Die schon alte Unterscheidung zwischen ‚regnum'
und ‚sacerdotium' fand nun eine klare Abgrenzung und
Komplementarität, welche bis dahin gefehlt hatte. Wir können dies auch als die erste Form einer funktionalen Differenzierung innerhalb des gesellschaftlichen Ganzen bezeichnen. Die Differenz zwischen ‚geistlich' und ‚weltlich'
wurde zum Anknüpfungspunkt für die Zuweisung unterschiedlicher Funktionen an Kaiser und Papst, und *dieses*
Prinzip hat in der Folge Schule gemacht und die institutio-
nellen Bedingungen einer freiheitlichen Gesellschaft er-
möglicht. Das Wormser Konkordat war die entscheidende
Weichenstellung für den Prozeß funktionaler Gesellschaftsdifferenzierung, der gemäß der neueren soziologischen Gesellschaftstheorie als zentraler Mechanismus der Modernisierung gelten kann.[63]

---

[63] Der Zusammenhang der theologischen und frömmigkeitsgeschichtlichen
Veränderungen einerseits und der sozio-ökonomischen und politischen
Fortschritte nach der Jahrtausendwende andererseits ist noch ungenügend
erforscht. Abzuklären wären insbesondere Zusammenhänge zwischen der
Verdinglichung der Eucharistie (Aufkommen der Hostienverehrung), der
neuen Gnadenlehre und dem neuen Kirchenverständnis. Es würde sich
möglicherweise zeigen, daß das im römischen Katholizismus auch nach der

2.4 Anfänge der funktionalen Gesellschaftsdifferenzierung

Während ältere Gesellschaftsformen hierarchisch, z. B. nach
Ständen, strukturiert waren, es also das Prinzip der Über-
und Unterordnung und der Unterschiedlichkeit der Rechte
für bestimmte Stände war, das die Struktur der Gesellschaft
bildete, sind es in modernen Gesellschaften die unterschiedlichen gesellschaftlichen Teilsysteme wie Wirtschaft,
Politik, Wissenschaft oder Religion, welche die Grund-
struktur der Gesellschaft ausmachen. Damit sind die Menschen nun nicht mehr in eine bestimmte soziale Einheit ein-
gegliedert, sondern sie haben als Individuen an den
unterschiedlichen gesellschaftlichen Teilsystemen teil –
oder zumindest müßten sie an ihnen teilhaben können, um
ein befriedigendes Leben nach den herrschenden kulturellen
und sozialen Normen zu führen. Die Transformation von
einer hierarchisch zu einer funktional strukturierten Gesellschaft wurde durch die Unterscheidung und institutionelle Trennung von geistlicher und weltlicher Gewalt eingeleitet. Ernst-Wolfgang Böckenförde hat die Konsequenzen
dieser Trennung richtig beschrieben, wenn er von der „Entstehung des Staates als Vorgang der Säkularisation"
spricht.[64]

Dadurch, daß diese primär religiöse Reformbewegung rasch
in die weltlichen Verhältnisse verstrickt wurde, hat sie

Absage an die ‚opus operatum'-Lehre vorherrschende institutionelle Kir-
chenverständnis eine ähnlich verdinglichende Transformation des frühen
Kirchengedankens darstellt wie die Substantialisierung der ursprünglich als
Erinnerungsmahl gefeierten Eucharistie. Zur wechselvollen Geschichte des
Eucharistieverständnisses vgl. zuletzt Hübner, Siegfried: Eucharistie in
Theologie und Praxis der katholischen Kirche. In: *Anzeiger für die Seelsorge*
108 (1999) H. 11, S. 521–531.
[64] Böckenförde, Ernst-Wolfgang: Die Entstehung des Staates als Vorgang der
Säkularisation (1967). In: ders.: *Staat, Gesellschaft. Freiheit. Studien zur
Staatstheorie und zum Verfassungsrecht*. Frankfurt a. M. 1976, S. 42–64.

nachhaltig zur Richtung der damals auf breiter Ebene in Gang kommenden Veränderungen beigetragen. Etwa gleichzeitig mit dem Investiturstreit ermöglichte die Einführung der Drei-Felder-Wirtschaft agrarische Überschüsse und damit das Wiedererstehen städtischer Zentren, die im Frühmittelalter weitgehend zerfallen waren. Unmittelbar ausgehend von der mönchischen Bildung entwickelten sich Theologie, Philosophie und Jurisprudenz als die Kernfächer der entstehenden Universitäten. Die Baukunst nahm mit der Romanik erstmals seit dem Altertum einen neuen Aufschwung. Das 11. und 12. Jahrhundert ist somit auf der ganzen Breite der Entwicklungen eine *Achsenzeit*, in der die Grundlagen für neuzeitliche Entwicklungen gelegt wurden.[65]

Einmal abgesehen von den unmittelbar religiösen Impulsen, die das mittelalterliche Leben in hohem Maße bewegt haben, interessiert in unserem Zusammenhang *die Wirkung der stabilisierten Spannung zwischen geistlicher und weltlicher Gewalt*. Sie äußerte sich in Jahrhunderte dauernden Kontroversen zwischen den Intellektuellen der Zeit, die bald der kaiserlichen, bald der päpstlichen Partei nahestanden. Die wechselseitige Anerkennung der beiden Gewalten verhinderte jedoch weithin die Unterdrückung ihrer Meinungen und führte zum *Prinzip der Wahrheitssuche in freier Disputation*, das für die abendländische Universität stilprägend wurde. Von den Auseinandersetzungen zwischen Klerus und Adel profitierten weiterhin die Städte in ihrer Entwicklung, und bald suchten auch sie ähnliche „Freiheiten" gegenüber dem Adel zu erreichen, wie dies den kirchlichen Einrichtungen gelungen war. Die bürgerliche Stadt wurde so zur Keimzelle kollegialer und partizipatorischer Regie-

---

[65] Vgl. insbesondere: Berman, Harold J.: *Recht und Revolution. Die Bildung der westlichen Rechtstradition*. Frankfurt a. M. 1991; Nelson, Benjamin: *Der Ursprung der Moderne. Vergleichende Studien zum Zivilisationsprozeß*. Frankfurt a. M. 1977.

rungsformen und zur Infrastruktur für die Entstehung von Märkten und die Ausbreitung des überregionalen Handels. Sie gab auch den Individuen größere Rechte – „Stadtluft macht frei!" *Die wechselseitige Begrenzung der geistlichen und der weltlichen Gewalt ermöglichte somit neuartige Handlungsspielräume,* die zur Entwicklung neuer Differenzen zwischen Stadt und Land, zwischen den Korporationen jeglicher Art – im Sinne einer fortschreitenden Autonomisierung und Arbeitsteilung innerhalb der Städte führte. Das flache Land hingegen blieb weiterhin in der Hand der geistlichen oder weltlichen Grundherren, deren Zahl sich jedoch in den Krisen des Spätmittelalters drastisch reduzierte und zum allmählichen Übergang von der Grundherrschaft zur Landherrschaft und damit zur Vorstufe des modernen Staates führte.

3. Die Entwicklung des modernen Staates und das Christentum

Wir haben bisher zwei Momente betrachtet, die für die Sprengung der alles umfassenden, aus moderner Sicht ‚totalitären' archaischen Lebensformen von seiten des Christentums ausgingen: zum einen die Entwicklung der Idee der Freiheit selbst und ihre Verknüpfung mit der Bestimmung des Menschen als Ebenbild Gottes und damit als Person, und zum anderen die dynamisierende Wucht eines transzendenten Gottesglaubens, als dessen Sachwalter die römische Kirche in der Nachfolge der jüdischen Propheten sich zu einem die politische Herrschaft konkurrenzierenden und sie gleichzeitig begrenzenden Prinzip entwickelte. Wir wollen nun abschließend die Folgen dieser Konstellation für den Prozeß der europäischen Staatsentwicklung betrachten.

3.1 Landeskirchentum und Absolutismus als Regressionen

Es wurde bereits angedeutet, daß die frühmittelalterliche Form der Grundherrschaft sich durch Arrondierungsbestrebungen und insbesondere durch die von Pest und Hungersnöten ausgelöste „Krise des Spätmittelalters" allmählich zur Landherrschaft, d.h. zur Herrschaft über ein zusammenhängendes größeres Territorium veränderte. So bildeten sich in Frankreich, England und Skandinavien größere Königreiche, während innerhalb des Deutschen Reiches die sog. Fürstenstaaten entstanden. Die Bemühungen der Reformatoren des 16. Jahrhunderts, die sich nunmehr selbst durch Ämterverkauf (Simonie) und Ablaßhandel finanzierende Papstkirche zu reformieren, führten in Verbindung mit der multipolar gewordenen Politik zur Kirchenspaltung und zur erneuten *Instrumentalisierung der christlichen Religion zu Zwecken der politischen Integration*. Gegen die Reformation artikulierte das gegenreformatorische Papsttum erneut seinen politischen Führungsanspruch, ohne allerdings auch nur gegenüber den katholischen Fürsten Erfolg zu haben. Die Theoretiker der neuen staatlichen Herrschaftsformen, etwa Machiavelli, Bodinus, Botero und Hobbes, legitimierten den Fürsten als souveränen Sachwalter der Macht im Interesse seiner Untertanen „von Gottes (und nicht des Papstes, Anm. d. Verf.) Gnaden", der jedoch selbst an keinerlei Gesetze gebunden sei. So entwickelte sich die Idee des absolutistischen Staates. Besonders deutlich wurde die Einheit von geistlicher und weltlicher Gewalt im Landeskirchentum der anglikanischen und der lutherischen Reformation wiederhergestellt. Gegen alle Formen der Verbindung von „Thron und Altar" wandte sich die Aufklärung, vor allem in Frankreich. Sie bereitete den Boden für die bürgerliche Revolution von 1789, welche jedoch bald in Terror umschlug und zu den das ganze 19. Jahrhundert durchziehenden Auseinandersetzungen zwischen dem monarchischen und dem demokratischen Staatsprinzip führte.

An dies alles sei nur erinnert, um erneut nach der *Wirksamkeit christlicher Ideen und kirchlicher Politik* zu fragen. Auf den ersten Blick haben zum mindesten die katholische Kirche und das lutherische Bekenntnis weit mehr zur Stabilisierung der zum Absolutismus neigenden Staatswesen als zu ihrer Begrenzung beigetragen. Auch in England ging die Begrenzung der Königsmacht nicht von der seit Heinrich VIII. ja königsabhängigen Kirche, sondern vom Adel und dem entstehenden Bürgertum aus; und ähnliches gilt für Schweden. In den sogenannten Konfessionskriegen des 16. und 17. Jahrhunderts strukturierten zwar die konfessionellen Differenzen meist die Anlässe der Kriege, aber im wesentlichen ging es um die Machtverhältnisse in und zwischen den sich gerade in diesen Auseinandersetzungen verfestigenden Staaten. *Und es war die Erfahrung der Konfessionskriege, welche die gleichzeitig sich bildende säkulare Staatstheorie zur Ausklammerung aller religiösen Gesichtspunkte aus der Ordnung der politischen Dinge veranlaßte.* So gelangte Thomas Hobbes zur Forderung nach dem absoluten Souverän, der mit großer Macht den Bürgerkrieg von Überzeugungsparteien verhindert, indem er sich über die weltanschaulichen Gegensätze erhebt und für Frieden und Sicherheit *aller* seiner Untertanen sorgt.

Schon ein Jahrhundert vor ihm hatten französische Juristen ihrem König geraten, auf eine Stellungnahme im Konfessionsstreit zu verzichten und seinen Untertanen Gewissensfreiheit unter der Bedingung ihrer Anerkennung seiner Herrschaft zu gewähren.[66] Heinrichs IV. Edikt von Nantes (1598) zugunsten der Hugenotten war die erste Verwirklichung des Grundsatzes der *Toleranz als Staatsmaxime*, doch waren die religiösen und die Machtgesichtspunkte noch allzusehr ineinander verstrickt, als daß

---

[66] Vgl. Böckenförde: *Die Entstehung des Staates*, a. a. O., S. 84 ff.

dieser Grundsatz sich hätte schon auf Dauer durchsetzen können. Erst die Aufklärung, die von dieser Strömung des Überdrusses an den politisierten Glaubensstreitigkeiten mitgeprägt wurde, vermochte dem Grundsatz der Toleranz und der Gewissensfreiheit zum Durchbruch zu verhelfen.

3.2 Die spätscholastische Staatskritik als Vorläuferin der Aufklärung

Auch wenn somit sowohl der Herrschaftsanspruch des Papsttums als auch die landeskirchlichen Herrschaftsformen hinter die im Wormser Konkordat erreichten Differenzierungen zurückfielen, so ist doch auf zwei historisch wirkmächtige Ausnahmen, also auf *freiheitsförderliche Bewegungen im Christentum*, hinzuweisen, von denen die erste bereits kurz erwähnt wurde: Die *spanische Spätscholastik* und hier insbesondere die Jesuiten gehörten zu den schärfsten Gegnern der absolutistischen Staatstheorien und wiesen mit ihren theologisch begründeten natur- und völkerrechtlichen Auffassungen weit in die Zukunft. So postulierten sie das Selbstbestimmungsrecht der Völker über ihre Regierungsform, also die Volkssouveränität statt der Fürstensouveränität, und plädierten für eine Kontrolle der Staatsgewalt; einige bejahten sogar ein Widerstandsrecht gegen ungerechte Herrschaftsformen. Sie lehnten die päpstlich-kurialistische These von der direkten Zuständigkeit der Kirche für weltliche Dinge ab und plädierten für die Anerkennung der Rechtsfähigkeit auch der nicht-christlichen Völker und für die Abschaffung der Sklaverei. Was ihrer Staatstheorie gegenüber derjenigen der Aufklärung noch fehlte, war die voluntaristische Staatsbegründung und die individualistische Fassung der Menschenrechte als Freiheitsrechte. Sie sahen unter der Prämisse einer gerechten Herrschaft noch keinen strukturellen Gegensatz zwischen dem einzelnen und dem Gemeinwesen.[67]

Ihre Positionen wurden insbesondere von den calvinistischen Gegnern des Königtums in Frankreich, aber auch von deutschen und schottischen Staatsdenkern übernommen. Keine andere vorliberale politische Theorie legitimierte eine ähnlich entschiedene Gegnerschaft gegen den absolutistischen Staat wie die Staatslehre der Jesuiten. Das läßt auch ihr späteres, seitens der europäischen Fürsten vom Papst erzwungenes Verbot in einem neuen Licht erscheinen.[68]

3.3 Der Einfluß des Calvinismus

Unsere bisherigen Überlegungen haben somit verdeutlicht, wie von seiten des lateinischen Christentums eine teils theoretisch begründete, teils durch die praktische Konkurrenz der Gewalten ausgelöste *staatsbegrenzende Wirkung* ausging, die übrigens noch im 19. Jahrhundert als Parallelwirkung von Liberalismus und dem Kampf der katholischen Kirche um Autonomie zu beobachten ist. *Wie aber kam es zum Durchbruch des individualistischen Verständnisses der Freiheitsrechte*, dem die gesamte katholische Kirche bis zum Zweiten Vatikanischen Konzil ablehnend gegenüberstand? Hier kommen wir auf die zweite Ausnahme zu sprechen, nämlich auf das Staatsverständnis des Calvinismus.

---

[67] Vgl. hierzu Dempf, Alois: *Christliche Staatsphilosophie in Spanien.* Salzburg 1937; Hamilton, B.: *Political Thought in Sixteenth-Century Spain. A Study of the Political Ideas of Vitoria, De Soto, Suárez and Molina.* Oxford 1963.

[68] Auch die hauptsächlich von den Jesuiten vertretene Morallehre des Probabilismus richtete sich in erster Linie gegen staatliche Gesetze. Zu den unterschiedlichen Motiven des Antijesuitismus vgl. van Dülmen, Richard: *Religion und Gesellschaft. Beiträge zu einer Religionsgeschichte der Neuzeit.* Frankfurt a. M. 1989, S. 141–171.

Der *Konflikt zwischen dem einzelnen und dem Gemein-wesen* artikulierte sich zuerst und am entschiedensten im Gewissenskonflikt der täuferischen und calvinistischen Abweichler *(Dissenters)* zu den konfessionalisierten Herrschaftsformen. Hierauf bezogen scheint die These Georg Jellineks, daß das unveräußerliche und staatsunabhängige Recht des Gewissens den Ausgangspunkt der individualistischen Naturrechtslehre bilde, bis heute nicht überholt.[69]

Die Lehre, daß das persönliche Gewissen, auch das objektiv irrige persönliche Gewissen, für das Handeln des einzelnen die letztverpflichtende und ihn rechtfertigende Instanz sei, ist zwar bereits im Hochmittelalter bei Thomas von Aquin zu finden. Ihre historische Wirkmächtigkeit gewann sie aber erst unter den Calvinisten in Schottland und in den Niederlanden. Um die Eigenarten ihres Glaubens und ihrer Gemeindeorganisation zu sichern, forderten sie vom englischen König als zu garantierende Freiheitsrechte die Freiheit nicht nur des Gewisssens, sondern auch des öffentlichen Bekenntnisses und des Kultes. *Im Unterschied zum Katholizismus wie dem Luthertum stellte Calvins politische Theorie monarchische Herrschaft grundsätzlich in Frage*[70], und die in der Folge vor allem in den Vereinigten Staaten wirksam werdende kongregationalistische Richtung sah in der demokratisch verfaßten und sich unter den unmittelbaren Willen Gottes stellenden ‚Heiligen Gemeinde' die angemessene Form religiöser und politischer Vergemeinschaftung.

Diese Richtung mußte sozusagen zwangsläufig mit den dominierenden Formen der Fürstenherrschaft in Konflikt gera-

---

[69] Vgl. Jellinek, Georg: Die Erklärung der Menschen- und Bürgerrechte. In: *Zur Geschichte der Erklärung der Menschenrechte*, a. a. O., S. 39 ff; auch Roman Schnur (ebd. Vorwort, S. IX) teilt diese Ansicht.
[70] Vgl. Beyerhaus, G.: *Studien zur Staatsanschauung Calvins mit besonderer Berücksichtigung seines Souveränitätsbegriffs.* Berlin 1910, S. 114 ff.

ten und war daher unter den im 17. Jahrhundert nach Amerika auswandernden *Dissenters* besonders stark vertreten. Berühmt wurde der mit dem biblischen Begriff des ‚Covenant' (Bund) bezeichnete ‚Mayflower-Compact', den die sich selbst als ‚Pilgrim Fathers' bezeichenden ersten Auswanderer 1620 als Grundlage ihres Zusammenlebens beschworen: „mutually and in the presence of god and one of another"[71].

Die kongregationalistische Richtung des Calvinismus hat das politische und religiöse Leben in Neuengland nachhaltig geprägt, und zwar nicht zuletzt infolge des Umstandes, daß auch andere reformierte Richtungen ins Land strömten. Dies führte zu religiösen Konflikten, die jedoch – anders als im Mutterland England – nach längeren Auseinandersetzungen mit den Grundsätzen der Gewissens- und Kultusfreiheit sowie der Trennung von Kirche und Staat gelöst wurden.[72] Entsprechende Entscheidungen waren auf der Ebene mehrerer Einzelstaaten längst gefallen, als im Anschluß an die amerikanische Unabhängigkeitserklärung die Einzelstaaten sich erste Verfassungen mit entsprechenden Menschen- und Bürgerrechtskatalogen gaben. Von hier aus gelangten die Normen in die amerikanische ‚Bill of Rights' als dem Vorbild für die Grundrechtskataloge europäischer Verfassungen.

In der amerikanischen Unabhängigkeitserklärung von 1776 findet sich die klassische Formulierung des institutionellen Ergebnisses der europäischen Freiheitsgeschichte: „Wir halten die folgenden Wahrheiten für offenkundig, daß alle Menschen als Gleiche geschaffen sind, daß sie von ihrem Schöp-

---

[71] Vgl. Oestreich, Gerhard: Die Idee des religiösen Bundes und die Lehre vom Staatsvertrag (1958). In: *Geist und Gestalt des frühmodernen Staates*, a. a. O., S. 157–178.
[72] Vgl. Morgan, E. S.: *Inventing the People. The Rise of Popular Sovereignty in England and America.* New York/London 1988, S. 295 ff.

fer mit bestimmten unveräußerlichen Rechten ausgestattet sind, zu denen das Recht auf Leben, auf Freiheit und das Streben nach Glück gehören. Daß zur Sicherung dieser Rechte Regierungen unter den Menschen geschaffen wurden, welche ihre rechtmäßige Macht von der Zustimmung der Beherrschten ableiten. Daß wann immer eine Regierungsform diese Ziele zerstört, es das Recht des Volkes ist, sie zu verändern oder abzuschaffen und eine neue Regierung einzusetzen, sie auf solche Prinzipien zu gründen und ihre Macht in solcher Form zu organisieren, daß sie am besten geeignet scheint, ihre Sicherheit und ihr Glück zu bewirken."

Was die Unabhängigkeitserklärung voraussetzt, aber nicht erörtert, das sind die *personalen Voraussetzungen*, unter denen eine solche Freiheitsordnung nur möglich ist. Sie wurden zuerst im theologischen Begriff der Person als einem moralischen, d. h. von der Sehnsucht nach dem göttlichen Guten beseelten, freien Wesen gedacht. Das „Recht auf Verfolgung des eigenen Glücks" stellt hiervon nur noch einen schwachen Abglanz dar, der völlig verschwindet, sobald das Glück als eine rein subjektive Größe verstanden wird. Auch das ist ein Aspekt der sogenannten Säkularisierung, von der nun zu sprechen sein wird.

IV. Modernisierung, Säkularisierung und die Verkirchlichung des Christentums

Die gegensätzlichen sozialwissenschaftlichen Deutungen der Aufklärung lassen sich an Auguste Comte und Max Weber veranschaulichen. Comte interpretierte die Entwicklung des menschlichen Geistes optimistisch als Abfolge von drei Stadien: des theologischen, des metaphysischen und des positiven. Die Aufklärung schränke die Herrschaft der menschlichen Einbildungskraft immer stärker ein und führe dazu, daß das Interesse an friedlicher Entwicklung durch industrielle Arbeit das Zeitalter der Kriege ablöse. Im „positiven Zeitalter" werde „die soziale und moralische Kontrolle von Soziologen übernommen, die sich zu diesem Zwecke als eine neue Priesterschaft konstituieren". Und Comte selbst verstand sich als Hoherpriester der neuen Universalreligion der „Humanité", was wir sowohl mit „Menschheit" wie mit „Menschlichkeit" übersetzen können.[73] In ähnlicher Weise verstand Max Weber die Vorgeschichte der Aufklärung als „Entzauberung der Welt" und hat die Bedeutung des Monotheismus für die Entstehung des modernen Rationalismus in unser Bewußtsein gerückt. Seine Schlußfolgerungen sind jedoch pessimistischer.

Comte setzte an die Stelle der theologischen und metaphysischen Glaubensformen einen neuen Glauben, den *Glauben an die menschliche Vernunft und ihre Fähigkeit, die Gesetze der Welt zu erkennen und sie für rational gestaltendes Handeln nutzbar zu machen*, wie das ja auch im Be-

---

[73] Vgl. Comte, Auguste: *Rede über den Geist des Positivismus.* Hamburg 1956, Ziff. 6–12; dazu Jonas, Friedrich: *Geschichte der Soziologie in 2 Bänden.* Reinbek bei Hamburg 1976, Zitat Bd. I, S. 267.

reich von Naturwissenschaften und Technik geschehen ist. Für Comte gab es *keinen Unterschied zwischen den moralischen und den natürlichen Tatsachen*, und so verstand er auch die Gesellschaft als einen nach Gesetzen geordneten Naturzusammenhang, dessen sich die aufgeklärte Menschheit zu ihrem Besten bedienen könne.

Max Weber dagegen verwarf unter dem Einfluß Nietzsches diese optimistische Perspektive einer neuen Vernunftreligion und sah im Fortgang der Rationalisierung *ein fortschreitendes Auseinanderdriften zwischen Wissenschaft und Religion:* „Wo immer aber rational empirisches Erkennen die Entzauberung der Welt und deren Verwandlung in einen kausalen Mechanismus konsequent vollzogen hat, tritt die Spannung gegen die Ansprüche des ethischen Postulates: daß die Welt ein gottgeordneter, also irgendwie ethisch *sinnvoll* orientierter Kosmos sei, endgültig hervor. Denn die empirische und vollends die mathematisch orientierte Weltbetrachtung entwickelt prinzipiell die Ablehnung jeder Betrachtungsweise, welche überhaupt nach einem ‚Sinn' des innerweltlichen Geschehens fragt. *Mit jeder Zunahme des Rationalismus der empirischen Wissenschaft wird dadurch die Religion zunehmend aus dem Bereich des Rationalen ins Irrationale verdrängt und nun erst: die irrationale oder antirationale überpersönliche Macht schlechthin.*"[74]

Diesen beiden Diagnosen ist gemeinsam, daß sie das Ende der vernunftgemäßen Macht christlichen Glaubens und christlicher Weltdeutungen konstatieren. Sie unterscheiden sich jedoch grundlegend in der Einschätzung der Ursachen und Konsequenzen dieses Vorgangs. Während für Comte der Vernunft- und Menschheitsglaube Ausdruck des ‚Aufbruchs aus der selbstverschuldeten Unmündigkeit' (I. Kant) ist, also

---

[74] Weber, Max: Zwischenbetrachtung, a. a. O., S. 564, Hervorhebung von mir.

das Ende eines millenären Emanzipationsprozesses und den Beginn eines neuen, stabilen Zeitalters darstellt, bedeutet für Weber die Entzauberung der Welt das Ergebnis einer ins Prinzipielle gesteigerten religiösen Anstrengung, wie sie stärker noch als bei den Puritanern bei den von ihnen verfolgten Sekten der Quäker oder Baptisten zu finden war, welche sich in einen radikalen Gegensatz zu den Gegebenheiten der Welt zu stellen suchten. Die ,Entzauberung der Welt' in den modernen Wissenschaften ist jedoch nicht die Grundlage eines neuen, stabilen Weltverhältnisses, sondern die Unvereinbarkeit der Wertorientierungen, der ,ewige Kampf der Götter' bleibt in den Köpfen und Herzen der Menschen bestehen, verliert jedoch gleichzeitig seine weltgestaltende Potenz.[75] Der okzidentale Rationalisierungsprozeß führt nicht in das Reich der Freiheit, sondern in das ,eherne Gehäuse der Hörigkeit'.

Im Gegensatz zu diesen beiden Diagnosen vom Ende der Religion, die hier nur exemplarisch für weitere genannt seien, läßt die Geschichte im 19. und 20. Jahrhundert vielfältige Hinweise auf die fortdauernde Wirksamkeit der christlichen Konfessionen in Europa erkennen, die sich auch in der öffentlichen Auffassung der Religionsproblematik niedergeschlagen haben. Während das römisch-katholische Christentum die aufklärerischen Positionen von Anfang an ablehnte und sich selbst in Kontinuität zu einer triumphalistisch rekonstruierten katholischen Kirchengeschichte verstand, haben sich innerhalb des Protestantismus unterschiedliche Verhältnisbestimmungen zur Aufklärung und den von ihr ausgehenden Legitimationen der Neuzeit herausgebildet. Auch ist schwerlich zu übersehen, daß die Weltmission der Kirchen, ausgehend von Europa im 19. und

---

[75] Vgl. Tyrell, Hartmann: Potenz und Depotenzierung der Religion – Religion und Rationalisierung bei Max Weber. In: *Saeculum. Jahrbuch für Universalgeschichte* 44 (1993) S. 300–347.

in der ersten Hälfte des 20. Jahrhunderts, ihre größten Erfolge gehabt hat. Ohne in Einzelheiten zu gehen, können wir festhalten, *daß sich in Reaktion auf die Aufklärung das Christentum in seinen verschiedenen Bekenntnissen auch in Europa erneut vitalisierte und nachhaltigen Einfluß auf die nunmehr vom Grundsatz der Nationalstaatlichkeit geprägte Geschichte genommen hat.*[76]

Bevor wir uns mit der zeitgenössischen Situation von Kirche, Religion und Christentum auseinandersetzen, sei in diesem Kapitel die Auseinandersetzung zwischen Christentum und Aufklärung und ihr gesellschaftlicher Kontext bedacht, also die Vorbedingungen der gegenwärtigen Situation. Im ersten Abschnitt geht es um ein Hinterfragen von Begriffen, in denen diese Auseinandersetzung geführt wurde, nämlich ,Verweltlichung', ,Säkularisierung' und ,Religion'. Im zweiten Abschnitt wird soziologisch argumentierend die Veränderung des Christentums im Zuge der Modernisierung skizziert. Im dritten Abschnitt soll von den Folgen der Modernisierung auf der Individualebene die Rede sein. Und schließlisch seien einige Anschlußfragen für die Gegenwartsdiagnose formuliert.

1. Säkularisierung und Religion

Die Frage nach der sich offensichtlich verändernden Stellung des Christentums im Zuge der neuzeitlichen Entwicklung wurde im 19. Jahrhundert zunächst unter dem Begriff der ,Verweltlichung' verhandelt, der um die Wende zum

---

[76] Nicht von ungefähr steht daher ein kürzlich veröffentlichter programmatischer Band religionsgeschichtlicher Forschung unter dem Titel:. *Säkularisierung, Dechristianisierung, Rechristianisierung im neuzeitlichen Europa. Bilanz und Perspektiven der Forschung.* Hrsg. von Hartmut Lehmann. Göttingen 1997.

20. Jahrhundert vor allem unter dem Einfluß von Ernst Troeltsch durch das Fremdwort ‚Säkularisierung‘ abgelöst worden ist. Der Begriff der *Verweltlichung* kann als Entsprechung zur aufklärerischen Hoffnung auf ein neues, nicht mehr durch ‚Religion‘ vermitteltes Verhältnis des Menschen zum Ganzen der Welt und ihrer Geschichte verstanden werden, wie dies der Religionskritik schon der französischen Aufklärung, dann aber in reflektierterer Weise bei David Hume, Ludwig Feuerbach und Karl Marx entsprach.[77]

Der Grundgedanke ist hier die *Überwindung des Dualismus von ‚Gott‘ und ‚Welt‘ in der Selbstermächtigung des Menschen als Souverän der Weltgeschichte.* Religion verschwindet als der den Geist des Menschen vernebelnde Schleier, indem ihre Genese psychologisch als Produkt menschlicher Wünsche, insbesondere als Kompensation von Mangelerfahrungen erklärt wird. Die Botschaft von der Inkarnation wurde z. B. bei Feuerbach als ‚Vermenschlichung Gottes‘ *im Menschen* zu Ende gedacht. An die Stelle der Gottebenbildlichkeit des Menschen trat hier die Menschenebenbildlichkeit Gottes, die es zu durchschauen galt, um die Entfremdung des Menschen von sich und seinesgleichen zu überwinden. Der Mensch versteht sich hier als geschichtliches Wesen, das die Vorgeschichte hinter sich und die Zukunft vor sich, aber keinen Gott mehr über und keinen Teufel mehr unter sich hat.

Die Kategorie der *Säkularisierung* dagegen entstand im Raum der evangelischen Theologie und fand von hier ihren Weg in die Religionsphilosophie und Religionssoziologie. Ihr ältester Sinn war ein kirchenrechtlicher, nämlich die

---

[77] Vgl. hierzu zuletzt die Beiträge von Thomas Brose über Hume, Arve Brunvoll über Feuerbach und Peter Ehlen über Marx in: *Religionsphilosophie – Europäische Denker zwischen philosophischer Theologie und Religionskritik.* Hrsg. von Thomas Brose. Würzburg 1998.

Überleitung eines Mönches in den Stand der ‚Weltkleriker'; einflußreicher für die Begriffsbildung dürfte jedoch die zuerst bei den zum Westfälischen Frieden (1648) führenden Verhandlungen gebrauchte Bedeutung von Säkularisierung als Überführung von Kirchengut in weltliches Eigentum gewesen sein. Wenn somit die Religionsgeschichte der Neuzeit als ‚Säkularisierung' interpretiert wurde, so sollte der religiöse Ursprung dieser Entwicklungen und damit die fortdauernde Relevanz der christlichen Religion betont werden.

Hans Blumenberg hat gegen diese Interpretation der neuzeitlichen Entwicklung mit dem Argument Einspruch erhoben, daß der Begriff der Säkularisierung eine *Enteignung der christlichen Tradition* durch die Aufklärung und damit eine „Kategorie historischen Unrechts" suggeriere. Das aber werde der aus der Selbstermächtigung des Menschen hervorgehenden, eigenständigen Legitimität der Neuzeit nicht gerecht.[78] Damit wird der *ideenpolitische Charakter beider Bezeichnungen* deutlich: Im Begriff der Verweltlichung wird das Christentum in die Vorgeschichte der Neuzeit verwiesen, im Begriff der Säkularisierung wird seine fortdauernde Bedeutung betont. Im folgenden werde ich versuchen, diesen ideenpolitischen Schleier durch begriffsgeschichtliche und gesellschaftstheoretische Überlegungen zu überwinden.

Betrachtet man die Begriffsgeschichte von Säkularisierung[79], so zeigt sich, daß dieser Begriff sehr unterschiedlich ausgelegt wurde. Gemeinsam ist allen Bedeutungen nur der explizite Bezug auf das *Verhältnis von Religion und Neuzeit*. Die wichtigsten Auslegungen lassen sich wie folgt typisierend zusammenfassen:

---

[78] Vgl. Blumenberg, Hans: *Die Legitimität der Neuzeit*. Frankfurt a. M. 1966, S. 9 ff.

[79] Vgl. hierzu Marramo, G.: Säkularisierung. In: *Historisches Wörterbuch der Philosophie*, a. a. O., Bd. 8, 1992, Sp. 1133–1161.

1. Säkularisierung als *fortschreitender Relevanzverlust von Religion*. Diese Auffassung ist mit derjenigen der ‚Verweltlichung' inhaltlich verwandt. Allerdings kann dieser Relevanzverlust sowohl emanzipatorisch als auch kulturkritisch gedeutet werden.

2. Säkularisierung als *Verdrängung der kirchlichen Autorität aus den Bereichen weltlicher Herrschaft*. Dies ist ein sehr offenkundiger Aspekt der neuzeitlichen Entwicklung, welcher sich bereits in der Unterscheidung von geistlicher und weltlicher Macht seitens des Wormser Konkordates andeutete (vgl. III.2.3). Dabei hat sich der Bereich staatlicher Zuständigkeiten oder auch der staatlichen Gewährleistungen, z. B. der „Freiheit von Wissenschaft und Kunst" (Art. 5, Abs. 3 GG), fortschreitend erweitert. Wir können hier auch mit Hermann Lübbe von einem Kontrollverlust der Religion über die Gesellschaft sprechen.[80]

3. Säkularisierung als gleichzeitige *Enteignung und Bewahrung christlicher Errungenschaften im Rahmen des säkularen Gemeinwesens*. Hier ist insbesondere an die Idee der Freiheit und Gleichheit aller Menschen im Rahmen der Menschenrechtskataloge neuzeitlicher Verfassungen sowie an die Übernahme des Schutzes und der Fürsorge für Schwache und Arme im Rahmen der Sozialstaatlichkeit zu denken. Aber natürlich finden sich auch in der zeitgenössischen Kultur nach wie vor erhebliche Spuren christlicher Tradition. Trutz Rendtorff spricht in diesem Zusammenhang von einem „Christentum außerhalb der Kirche"[81].

---

[80] Vgl. Lübbe, Hermann: *Religion nach der Aufklärung*. Graz 1986, S. 95f.
[81] Rendtorff, Trutz: *Christentum außerhalb der Kirche. Konkretionen der Aufklärung*. Hamburg 1969.

4. Säkularisierung als Voraussetzung einer Entmythologisierung des Glaubens und einer „Vergeistlichung des Säkulums" (E. Troeltsch). Vor allem die dialektische Theologie hat diese *Wiederherstellung der Spannung zwischen dem prophetischen Gehalt der jüdisch-christlichen Botschaft und den weltlichen Verhältnissen* reflektiert und begrüßt.[82]

5. Säkularisierung als Entchristlichung *und Entkirchlichung der Bevölkerung.* Während sich die vorangehenden Bestimmungen aus soziologischer Sicht im wesentlichen auf die makrotheoretischen Zusammenhänge von Religion und Kultur bzw. Kirche und Gesellschaft bezogen, steht hier der mikrosoziologische Sachverhalt sinkender kirchlicher Beteiligung und des Schwindens christlicher Orientierungen im Wissens- und Verhaltensbereich der Bevölkerung im Vordergrund.

Diese knappe Skizze macht nicht nur deutlich, daß der Säkularisierungsbegriff durch unterschiedliche und tendenziell konträre Bedeutungen *überlastet* wurde, sondern auch, wie sehr die Diagnosen zum Verhältnis von Religion bzw. Christentum und Neuzeit *divergieren.* Bevor wir diese Divergenzen auf das ihnen Gemeinsame hin zu klären suchen, muß ein weiterer Begriff hinterfragt werden, nämlich derjenige der *Religion.*

Begriffsgeschichtliche Studien verdeutlichen, daß von ‚Religion' im Sinne einer spezifischen Kategorie der Wirklichkeitsauffassung erst seit dem 18. Jahrhundert die Rede ist.[83]

---

[82] Vgl. Gogarten, Friedrich: *Verhängnis und Hoffnung der Neuzeit. Die Säkularisierung als Problem.* Stuttgart ²1958.

[83] So die These von Feil, Ernst: Zur Bestimmungs- und Abgrenzungsproblematik von ‚Religion'. In: *Ethik und Sozialwissenschaften* 6 (1995), S. 441–455; vgl. auch die anschließende kritische Diskussion ebd. S. 455–514.

Dies wurde im 17. Jahrhundert durch das Aufkommen des Begriffs *religio naturalis* vorbereitet, um die Vorstellung auszudrücken, daß in jedem Menschen eine ‚religiöse Anlage‘ vorhanden sei. Dieser Gedanke wurde von den Philosophen der Aufklärung in dem Sinne aufgegriffen, „daß jenseits jeder konkreten christlichen Konfession und Kirche ein Metaverständnis von ‚Religion‘ etabliert wurde, das sich kirchenkritisch auf eine natürliche Anlage des Menschen berief. Der Mensch hat danach von Natur aus Religion, gemessen daran aber ist er gegenüber jeder geschichtlichen Religion oder Konfession frei."[84]

Den Hintergrund für diese kirchenpolitisch höchst brisante kategoriale Aufladung des Religionsbegriffs bildeten die Erfahrungen der Religionskriege und der politischen Vereinnahmung der kirchlich verfaßten Bekenntnisse. Dem dadurch bewirkten Plausibilitätsverlust sollte *religionsphilosophisch* durch die Herausarbeitung der *vernünftigen Elemente des Christentums* entgegengewirkt werden. Als ‚wahre Religion‘ galt demzufolge, was sich aus der christlichen Tradition vor dem Forum der aufklärerischen Vernunft rechtfertigen ließ.

Dieser Religionsbegriff wurde im 19. Jahrhundert von der protestantischen Theologie aufgegriffen und in Beziehung zur reformatorischen Spannung zwischen individueller Gläubigkeit und verfaßtem Kirchentum gesetzt. Über den Begriff der Religion hat vor allem die liberale Theologie um 1900 die Weltbedeutung – oder moderner: die ‚gesellschaftliche Relevanz‘ – der christlichen Botschaft zu vermitteln gesucht. Gegen dieses ‚verweltlichte‘ Verständnis des Christentums richtete sich in der Folge die dialektische Theologie mit ihrer Forderung nach einem ‚religionslosen Christentum‘.

---

[84] Jäger, Alfred: Religion oder Glaube. Glaube oder gelebtes Leben. Ebd. S. 465.

Im katholischen Sprachgebrauch hat ‚Religion' nie eine theologische Rolle gespielt; hier wurde bis vor kurzem auch keine Spannung zwischen ‚Glaube' und ‚Kirche' thematisiert. Allerdings hat der Kirchenbegriff im Katholizismus eine ähnliche Rolle für die Vermittlung zwischen ‚Heilsgeschichte' und ‚Weltgeschichte' gespielt wie der Religionsbegriff im evangelischen Bereich.[85]

Wir können somit erkennen, daß unser heutiger Begriff von ‚Religion' selbst aufklärerischer Herkunft ist. Deshalb ist ein Verständnis von Säkularisierung, das sich auf das Verhältnis von ‚Religion' und Neuzeit bezieht, ebenso durch das neuzeitliche Denken verzerrt wie der Begriff der ‚Verweltlichung'. *Das, was den Anspruch des Christentums als Heilsbotschaft Gottes für die Menschen ausmachte, ist im Religionsbegriff bereits anthropozentrisch eingeebnet.* Dies ist auch der Grund, weshalb ich diese Argumentationen unter den Titel: „Wie überlebt das *Christentum*?" und nicht „Wie überlebt die *Religion* die Moderne?" gestellt habe. Die begriffliche Verschiebung von ‚Christianitas' und ‚Fides' zu ‚Religio' ist ja das Ergebnis eines „historischen Dramas", der „energisch ausgefochtenen Auseinandersetzung um den Öffentlichkeitsanspruch und die allgemeine Verbindlichkeit des christlichen Glaubens"[86]. Diese Auseinandersetzung hat das Christentum infolge seiner konfessionellen Spaltung zugunsten des Staates verloren.

War die mittelalterliche ‚Christianitas' auch im Sinne der Aufklärung ‚Religion', d. h. „das letzte und festeste Band der Gesellschaft" (Christian Thomasius), so konnte die geteilte

---

[85] Vgl. Kaufmann, Franz-Xaver: *Kirche begreifen – Analysen und Thesen zur gesellschaftlichen Verfassung des Christentums.* Freiburg i. Br. 1979, S. 54–70.

[86] Weinrich, Michael: Gezähmte Geschichte. In: *Ethik und Sozialwissenschaften* 6 (1995) S. 499.

Christenheit diese *gesellschaftliche Integrationsfunktion* für Europa nicht mehr wahrnehmen, welche deshalb – auf räumlich reduziertem Niveau – auf den entstehenden *Nationalstaat* überging. Weil dieser die Konfessionalität zu seiner eigenen Stabilisierung benutzte, wurde der Unterschied zunächst nicht deutlich. Erst mit der Einräumung der Bekenntnisfreiheit oder vielmehr erst mit der *bekenntnismäßigen Neutralität des Staates* wurde dieser Funktionsverlust des Christentums offenkundig, der auch durch die Prominenz des Religionsbegriffs nicht kompensiert, sondern bestenfalls vertuscht werden konnte. Das zeigt die wachsende Unbestimmtheit des Religionsbegriffs in den letzten Jahrzehnten.[87]

2. Modernisierung und die Verkirchlichung des Christentums

2.1 Die Umstrukturierung der Gesellschaft

Die zu Ende des vorangehenden Kapitels zitierte amerikanische Unabhängigkeitserklärung formuliert auf knappstem Raum das Grundkonzept menschlichen Zusammenlebens unter der Prämisse menschlicher Autonomie. Der „Schöpfer" taucht hier nur noch als Erschaffer einer Welt auf, die in der Folge den Menschen als Feld ihrer freien Betätigung offensteht. Der „Gott Abrahams, Isaaks und Jakobs" (Blaise Pascal) hat sich hier zum „großen Uhrmacher" gewandelt, auf den zwar die Gesetze der Natur, aber nicht mehr diejenigen der Menschen zurückgehen. Hierfür wird nunmehr die *Annahme einer auf unveräußerlichen Individualrechten und der grundsätzlichen Gleichheit aller Bürger gegründeten politischen Ordnung* wegleitend, die sich in einer aus dem weitgehenden Konsens der Bürger hervorgegange-

---

[87] Vgl. Kaufmann, Franz-Xaver: *Religion und Modernität.* Tübingen 1989, S. 53 ff.

nen *Verfassung* ausdrückt. Diese schafft und legitimiert die staatlichen Gewalten und bindet sie gleichzeitig an Recht und Gesetz. Gleichzeitig bestimmt und verbürgt die Verfassung diejenigen Rechte, die den Individuen entweder generell (als Menschenrechte) oder speziell als Bürger der jeweiligen Gemeinwesen zugesprochen werden. Insoweit als diese Rechte vor allem als Freiheitsrechte verstanden werden, stellen sie gleichzeitig eine Begrenzung der legitimen staatlichen Handlungsmöglichkeiten dar. Das ist der liberale Grundgedanke des demokratischen Rechtsstaates, der als die vielleicht wichtigste Errungenschaft der Aufklärung gelten darf.

Diese freiheitlichen Grundrechte gewährleisten einen wesentlichen Zug moderner Gesellschaften, nämlich ihre Strukturierung in der Form ausdifferenzierter, funktionsorientierter Teilsysteme wie Wirtschaft, Politik, Wissenschaft oder Religion. Im Anschluß an die bereits skizzierte Stabilisierung der Differenz zwischen geistlicher und weltlicher Gewalt (vgl. III.2) entstanden weitere funktionsorientierte Differenzierungen: Insbesondere verselbständigte sich die Marktwirtschaft und trennte sich durch den Aufbau von Manufakturen und später Fabriken vom Familienhaushalt. Mit der Selbstbindung der politischen Herrschaft in der Form von Verfassungen begann auch der Staat, sich auf die ihm eigenen politischen Aufgaben der Gewährleistung von Sicherheit nach innen und außen zu beschränken und den Bereich der Wirtschaft, der Religion und zunehmend auch denjenigen der Wissenschaft aus seinem direkten Steuerungsanspruch zu entlassen. Gleichzeitig hoben die Verfassungen die alten hauswirtschaftlichen und feudalen Abhangigkeiten auf, und den bis dahin von ihrem Hausherrn Abhängigen wurden eigenständige bürgerliche Rechte zugesprochen. Dieser Prozeß vollzog sich in Europa erstmals im Rahmen der Französischen Revolution und der anschließenden napoleonischen Zivilgesetzgebung, und bekanntlich fiel dies zeitlich mit der beginnenden Industrialisierung zusammen.

Die strukturelle Verselbständigung und thematische Reinigung ausdifferenzierter Funktionsbereiche und die Auflösung der ständisch geschichteten Gesellschaftsordnung stellen – dies hat vor allem die Gesellschaftstheorie von Niklas Luhmann herausgearbeitet – den Kernprozeß jener Transformation der Gesellschaftsstrukturen dar, die wir heute als ,Modernisierung' bezeichnen.[88] Die *wachsende institutionelle Autonomie von Wirtschaft, Politik, Öffentlichkeit, Religion und Wissenschaft*, um nur die einflußreichsten Bereiche zu nennen, wird getragen von der *Bildung organisierter kollektiver Akteure*, welche bemerkenswerterweise ebenfalls als ,Personen', d. h. als juristisch rechts- und handlungsfähige Einheiten gelten. Diese ihre eigenen Mitgliedschaftsbedingungen definierenden juristischen Personen sind gehalten, sich spezifische Zwecke zu geben, d. h. der rechtlich anerkannte Raum ihrer Aktivitäten wird durch diese Zwecke begrenzt, die sich in der Regel an bestimmten Funktionsbereichen orientieren. Deshalb gibt es ,Aktiengesellschaften' nur im Bereich der Wirtschaft, ,Universitäten' nur im Bereich der Wissenschaft und ,Kirchen' nur im Bereich der Religion.

Diese Spezialisierung und die damit gleichzeitig entstehende bereichsspezifische Konkurrenz kollektiver Akteure bringt *Eigendynamiken* hervor, die der Leistungsfähigkeit dieser Bereiche förderlich sind, die jedoch auch charakteristische Einseitigkeiten zur Folge haben: Wirtschaftsunternehmungen orientieren sich an Kosten und Gewinnen, Politiker am Machterhalt oder Machtgewinn, die öffentlichkeitswirksamen Medien am Aktuellen und Sensationellen, die wissenschaftliche Forschung orientiert sich an ,Wahr-

---

[88] Vgl. zuerst Luhmann, Niklas: *Grundrechte als Institution*. Berlin 1966.

heit' im Sinne der Standards der je eigenen Disziplin. Gesichtspunkte, die außerhalb dieser Horizonte liegen, werden typischerweise vernachlässigt. *Wir müssen deshalb in der Moderne von einer wechselseitigen Indifferenz der gesellschaftlichen Teilsysteme ausgehen, die sich als strukturelle Rücksichtslosigkeit auswirken kann.* Die Schwierigkeiten, denen sich heute die Lebensform der Kinder erziehenden Familie gegenübersieht, sind in hohem Maße die Folge derartiger struktureller Rücksichtslosigkeiten.[89]

Wenn wir die mit dem Begriff der Säkularisierung verbundenen Diagnosen in der Perspektive funktionsorientierter Gesellschaftsdifferenzierung interpretieren, so erscheinen sie nicht mehr widersprüchlich, sondern weitgehend kompatibel. Die funktionale Verselbständigung von Politik, Wirtschaft und Wissenschaft entzieht diese Bereiche dem Zugriff christentümlicher Deutung und zunehmend auch kirchlichem Einfluß. Diese Funktionssysteme verhalten sich zunehmend indifferent gegenüber religiösen Vorstellungen. Insoweit ist die Auffassung von Säkularisierung als Verdrängung der kirchlichen Autorität aus den Bereichen weltlicher Herrschaft zur differenzierungstheoretischen Betrachtungsweise geradezu kongruent.

2.2 Verselbständigung und Spezialisierung der Kirchen

Was aber geschah mit dem Christentum im Zuge dieser institutionellen Verselbständigung unterschiedlicher gesellschaftlicher Funktionen? Zwei Folgen sind hier zu unterscheiden: die Verkirchlichung des expliziten und die Verweltlichung des impliziten Christentums.

---

[89] Vgl. Kaufmann, Franz-Xaver: *Zukunft der Familie im vereinigten Deutschland.* München 1995, S. 174 ff.

Zum einen *verselbständigte sich nunmehr auch das Religiöse in der institutionellen Form der Kirchen.* Dieser Prozeß ist besonders deutlich am katholischen Fall zu verfolgen: Hier wurde die Unabhängigkeit der kirchlichen Gewalt von der staatlichen stets hochgehalten, aber das bedeutete so lange im Erfahrungsraum der Menschen wenig, als Kirchenstaat, Bistümer und Abteien gleichzeitig weltliche Herrschaften und damit auch wirtschaftliche Einheiten waren. Dieser Zustand wurde zuerst in Österreich (,Josephinismus'), dann in Frankreich durch die Revolution und schließlich in Italien und Deutschland durch Napoleon beendet. Im Reichsdeputationshauptschluß von 1803 wurden die deutschen Fürsten, die 1795 auf ihre linksrheinischen Besitzungen hatten verzichten müssen, mit dem durch Bonaparte enteigneten – ,säkularisierten' – rechtsrheinischen Kirchengut entschädigt. Damit kamen erstmals größere katholische Minderheiten unter protestantische Herrscher, ohne jedoch noch die Konfession wechseln zu müssen. Südlich der Alpen kassierte Napoleon den Kirchenstaat und nötigte Papst Pius VII., bei seiner Kaiserkrönung zu assistieren. Dies war das erfolgreiche Ende einer Kirchenpolitik, im Rahmen deren Napoleon gegen die laizistische Bewegung der Revolution und gegen die restaurativen Tendenzen der Traditionalisten eine im wesentlichen vom französischen Staat abhängige kirchliche Administration geschaffen hatte, die jedoch formell dem Papst unterstellt blieb.

Nach der Niederlage Napoleons wurde beim Wiener Kongreß zwar der Kirchenstaat restauriert, aber im übrigen der Verlust der kirchlichen Besitztümer bestätigt. Es war vor allem dem hervorragenden Kardinalstaatssekretär Consalvi zu verdanken, daß die Könige und Fürsten Europas ihre kirchlichen Verhältnisse, soweit sie den katholischen Volksteil betrafen, in Konkordaten mit Rom regelten, *wodurch Rom weit größeren Einfluß auf die kirchlichen Verhältnisse erhielt als je zuvor.* Denn nunmehr gab es ja keine wirtschaftliche Grundlage für die Unabhängigkeit der Bischöfe und Pfarrer mehr. Dadurch minderte sich einerseits das politische Interesse an der Besetzung geistlicher Stellen, und es wuchs andererseits die Abhängigkeit des Klerus von römischen und bischöflichen Vorgaben. Es entstanden zunehmend Über- und Unterordnungsverhältnisse im Sinne nicht nur einer sakramentalen, sondern auch einer organisationellen Hierarchie, wie dies in der napoleonischen Kirchenreform vorexerziert worden war. Parallel dazu setzten umfangreiche Maßnahmen zur Qualifizierung des Klerus ein; Maßnahmen zur Verbesserung der Priesterausbildung, die bereits das Trienter Konzil beschlossen hatte, wurden erst jetzt flächendeckend durchgeführt. Die Bischöfe, welche in vorrevolutionärer Zeit sich meist eher als Landesfürsten denn als Seelsorger verstanden hatten und durchweg adliger Herkunft waren, wurden nun innert einer Generation durch meist fromme und häufig bürgerliche Priester ersetzt. Wir können somit im 19. Jahrhundert eine deutliche *Konzentrierung des katholischen Klerus auf geistliche Aufgaben feststellen, also eine Spezialisierung auf das Religiöse, welche es bis dahin im katholischen Bereich nicht gegeben hatte.*

Diese strukturellen Umorientierungen erhielten zudem eine *kulturelle Unterstützung durch die Zeitströmung der Romantik* und die damit verbundene Wiederentdeckung des Mittelalters, welches die ‚lichte Aufklärung' als ‚finsteres Mittelalter' in die Vorgeschichte des ‚mündigen Menschen' zurückzudrängen versucht hatte.

Aber es wurden keine mittelalterlichen Verhältnisse mehr hergestellt, in denen zwar die herrschende Kultur von theologischem Gedankengut durchdrungen war, die Bevölkerung aber weitgehend ungebildet und häufig in naturreligiösen Vorstellungen befangen blieb. Es entstand nun vielmehr eine wohl historisch einzigartige *Verbindung von Hochreli-*

gion und Volksreligiosität, eine Verknüpfung kirchlichen Brauchtums mit traditionsbewußten Formen des Lebensstils, kurzum: eine katholische Subkultur, die zwar nicht mehr die Gesellschaft als ganze prägte, sondern als zumeist minderheitliche den katholischen Volksteil zum Katholizismus als einer Art Subgesellschaft zusammenschweißte.[90]

Diese *konfessionsspezifische Vergesellschaftung* äußerte sich in vielen Ländern auch in der Gründung und im Erfolg katholischer politischer Parteien, z.B. dem ‚Zentrum' in Deutschland. Charakteristisch für diesen Katholizismus wurde zunächst eine Spannung zwischen nationalen und ultramontanen Orientierungen, doch mit der Aufhebung des Kirchenstaates und dem Ersten Vatikanischen Konzil (1869/70) setzte sich die papstzentrierte, ultramontane Richtung endgültig durch. *Von da an kann von einer romzentrierten Weltkirche gesprochen werden, die sich durch eine straffe hierarchische Organisation und einen bemerkenswerten missionarischen Erfolg im Rahmen des damaligen europäischen Kolonialismus auszeichnete.*

Während die katholische Kirche spätestens seit der Französischen Revolution eine ablehnende, ‚antimodernistische' Haltung gegenüber maßgeblichen kulturellen Entwicklungen der Neuzeit pflegte, war der *Protestantismus* eng mit diesen Entwicklungen verwoben. Denn mit Ausnahme Frankreichs, wo die Unterdrückung der Hugenotten durch die ‚katholischen Könige' dem Aufkommen einer antiklerikalen laizistischen Bewegung als Trägerin der Aufklärung Vorschub geleistet hatte, *blieb die Aufklärung in England,*

---

[90] Vgl. die Beiträge von Helmut Geller, Michael N. Ebertz und Karl Gabriel in: *Zur Soziologie des Katholizismus*. Hrsg. von Karl Gabriel und Franz-Xaver Kaufmann. Mainz 1980; Altermatt, Urs: *Katholizismus und Moderne. Zur Sozial- und Mentalitätsgeschichte der Schweizer Katholiken im 19. und 20. Jahrhundert*. Zürich 1989.

den *Niederlanden und Deutschland durchaus an christlichen Idealen orientiert, wenngleich häufig in Distanz zu den etablierten Formen des Landeskirchentums.* Im nachrevolutionären Zeitalter der Romantik kam es auch im Protestantismus zu vielfältigen religiösen Bewegungen, unter denen die evangelikale in England und der wiedererstarkte Pietismus in Deutschland den größten Einfluß gewannen. Auch hier akzentuierte sich nun erneut der religiöse Aspekt der Konfessionalität, was aber im Rahmen der evangelischen Landeskirchentümer zunächst nicht zur Trennung von Kirche und Staat führte. Im Laufe des 20. Jahrhunderts hat sich dann auch der Protestantismus in den meisten Ländern aus staatlichen Verflechtungen gelöst und sich eigene Organisationsstrukturen gegeben, die trotz des stärker spiritualistischen Kirchenverständnisses im Protestantismus zunehmend als „Kirchen" verstanden werden. In institutioneller Hinsicht ist somit der Protestantismus dem Katholizismus ähnlicher geworden, während im Katholizismus allmählich eine stärkere Betonung der individuellen Gläubigkeit gegenüber der institutionellen Zugehörigkeit an Gewicht gewonnen hat, was sich als eine Annäherung an das protestantische Glaubensverständnis interpretieren läßt.

Will man diese Entwicklungen des konfessionalisierten Christentums im Zuge der Modernisierung auf einen Begriff bringen, so kann man von einer *Verkirchlichung des Christentums* sprechen.[91] Das heißt, das Christentum bildet nun keine die gesamten Lebensverhältnisse umfassende symbolische Sinnwelt mehr, sondern es gewinnt seinen spezifischen Ort in den ‚Kirchen', welche sich selbst zunehmend als klerikale Organisationen profilieren, in denen Theologen und Pfarrer oder Ordensleute als ‚religiöse Spezialisten' (Klerus) mit einem ausschließlich geistlichen Führungsanspruch den sogenannten Laien gegenübertreten. Der Sozio-

---

[91] Vgl. Kaufmann: *Kirche begreifen,* a.a.O., S. 100ff.

loge Niklas Luhmann sieht demzufolge in der institutionellen Spezialisierung der Kirchen einerseits und in der Privatisierung der religiösen Entscheidungen andererseits die wesentlichen Aspekte von Säkularisierung.[92]

2.3 Ursprünglich christliche Sinngehalte als Elemente der säkularen Kultur

Verkirchlichung des Christentums ist also die eine Weise, in der die christlichen Sinngehalte im Zuge der Modernisierung weitergetragen werden. Hier wird keinesfalls von einer „Enteignung" des Christentums, sondern eher von seiner „Reinigung" im Sinne der vierten der in Abschnitt 1 unterschiedenen Bedeutungen von Säkularisierung zu sprechen sein. Zum anderen ist aber nicht zu übersehen, daß viele christliche Ideen und Denkformen heute in kaum mehr erkennbarer Weise im *profanen Denken* präsent sind.[93]

Carl Schmitt beispielsweise hat unter dem Begriff der „politischen Theologie" gezeigt, wie sehr das neuzeitliche Staatsdenken sich älteren theologischen Denkfiguren verdankt.[94] Karl Löwith hat den Fortschrittsglauben als säkularisierte Eschatologie interpretiert.[95] Und im vorangehenden Kapitel wurde die moderne Menschenrechtsdoktrin auf ihre Ursprünge im christlichen Person- und Gewissensverständnis

---

[92] Vgl. Luhmann, Niklas: *Die Funktion der Religion*. Frankfurt a. M. 1977, S. 225–271.

[93] Vgl. auch – mit zahlreichen Beispielen – Hahn, Alois: Religion, Säkularisierung und Kultur. In: *Säkularisierung, Dechristianisierung, Rechristianisierung im neuzeitlichen Europa*, a. a. O., S. 17–31.

[94] „Alle prägnanten Begriffe der modernen Staatslehre sind säkularisierte theologische Begriffe." (Schmitt, Carl: *Politische Theologie. Vier Kapitel zur Lehre von der Souveränität*. Berlin ²1934, S. 49).

[95] Löwith, Karl: *Weltgeschichte und Heilsgeschehen. Die theologischen Voraussetzungen der Geschichtsphilosophie*. Stuttgart ³1957.

zurückgeführt. Ob man nun solche Geistesverwandtschaften zwischen modern-profanen und mittelalterlich-theologischen Sinnkomplexen als „implizites Christentum" oder gar als „Christentum außerhalb der Kirchen" (T. Rendtdorff) bezeichnet, oder aber – mit Hans Blumenberg und anderen ‚Aufklärern', aber auch mit kulturkritischen Konservativen – gerade *die Differenz* zwischen den theologischen und den ‚verweltlichten' Sinnkomplexen hervorhebt, bleibt eine Frage der ideenpolitischen Perspektive, die sich ebensowenig eindeutig beantworten läßt wie die Frage, ob ein zur Hälfte gefülltes Glas ‚halb voll' oder ‚halb leer' sei. Und das gilt ebenso für die Frage, ob es bei diesen Vorgängen um Kontinuität oder Diskontinuität, um Enteignung oder Bewahrung geht. *Es liegt an der Umstrittenheit der Sache selbst, am Interesse, das die Weltanschauungsparteien an diesen Vorgängen hatten und zum Teil noch haben, daß ein unparteilicher oder überparteilicher Sprachgebrauch nur schwer zu finden ist.*

Wenn sich die Kirchen heute, insbesondere im Bereich der Menschenrechte und im Kampf um soziale Gerechtigkeit, als Advokaten säkularisierter Bestände christlichen Gedankengutes zu profilieren suchen, stehen sie vor dem Dilemma, daß ihnen dieses Gedankengut nicht mehr als das ihrige zugerechnet wird. Denn diese Wertideen sind – erfreulicherweise, möchte man sagen – *Bestandteil eines allgemeinen normativen Konsenses geworden;* die Kirchen dagegen werden als etwas Partikuläres und Parteiliches wahrgenommen. Sie werden ihrem sinnhaften Anspruch nach als ‚religiöse Institutionen' qualifiziert, wobei gleichzeitig Religion nun nicht mehr als das Allgemein-Verbindende, sondern in einem qualifizierten Sinne als ‚Privatsache' gilt. Dazu später mehr.

3. Die Entkirchlichung der Individuen

Eine bisher nicht behandelte Sonderstellung nimmt die fünfte Bedeutung von Säkularisierung als Entchristlichung und Entkirchlichung der Bevölkerung ein. Bisher ging es um institutionelle und kulturelle Zusammenhänge, jetzt geht es um individuelle Einstellungen und Verhaltensweisen.

Seit dem Zweiten Weltkrieg hat die empirische Sozialforschung, insbesondere in der Form der sog. Meinungsforschung, erheblichen Öffentlichkeitswert erworben. Auch wenn man über den Aussagewert derartiger Untersuchungen im einzelnen durchaus geteilter Meinung sein kann, so darf doch der Vergleich der Antwortmuster im Zeitablauf als ein verläßlicher Indikator tiefer liegender Veränderungen des Bewußtseins gelten. Hier zeigt sich für Westeuropa ein recht eindeutiger Trend: Wert- und Einstellungsfragen, die sich auf den Bereich Kirche, Religion und Christentum beziehen, werden immer weniger positiv und vor allem auch divergierender beantwortet.

Was im I. Kapitel am Beispiel Deutschlands kurz skizziert wurde, zeigt sich auch in anderen europäischen Ländern: ein Anstieg der Konfessionslosigkeit, die in Holland bereits etwa ein Drittel der Bevölkerung ausmacht, und eine Erosion christlichen Glaubenswissens und kirchlicher Verbundenheit.[96] Weltweit sind die Religionslosen die im 20. Jahrhundert am stärksten wachsende Gruppe der Weltbevölkerung.[97] Allerdings wachsen weltweit auch die Hochreligionen, insbesondere der Islam und das Christentum erheblich. Inwieweit dieses Wachstum lediglich quantitativer

---

[96] Vgl. Zulehner u. Denz: *Wie Europa lebt und glaubt*, a.a.O.; Jagodzinsky u. Dobbelaere: *Der Wandel kirchlicher Religiosität in Westeuropa*, a.a.O.

[97] Vgl. Taylor, John: Die Zukunft des Christentums. In: *Geschichte des Christentums*, a.a.O., Grafik S. 648.

oder auch qualitativer Art ist, ob also die Wirksamkeit der Religion in den Köpfen und Herzen der Menschen im Laufe der Jahrhunderte zu- oder abgenommen hat, entzieht sich unserer Kenntnis. Das Wahrscheinlichste sind regional unterschiedliche Wellenbewegungen. Für Westeuropa im 20. Jahrhundert insgesamt ist jedoch ein Abwärtstrend statistisch nicht zu bestreiten.

Selbst der den Älteren unter uns noch durchaus erinnerliche religiöse Aufschwung nach dem Zweiten Weltkrieg, die hohe Anerkennung, welche die unter dem Eindruck des Nationalsozialismus erstmals ökumenisch zusammengerückten getrennten Kirchen in der westdeutschen Nachkriegsgesellschaft genossen, ließ den Kirchgang nicht über das Niveau der Zwischenkriegszeit ansteigen. Und der schubweise Rückgang seit den sechziger Jahren macht sowohl das Fortbestehen volkskirchlicher Strukturen als auch deren Labilisierung und Überalterung deutlich. Wie sind diese Entwicklungstendenzen im Horizont der Säkularisierungs- und der Differenzierungsperspektive zu interpretieren?

Eine mögliche Interpretation geht dahin, gerade *das Auseinandertreten von verkirchlichter Religion und säkularer, jedoch von christlichen Werten mitbestimmter Kultur* für die wachsende Entkirchlichung verantwortlich zu machen. Das Wesentliche des Christentums wäre demzufolge ins säkulare Ethos mit eingegangen, während sich die Kirchen als organisierte Religion nur noch mit partikulären Aspekten der christlichen Tradition befaßten und daher entbehrlich seien. Diese Auffassung steht in Kontinuität zur Kirchenkritik der Aufklärung, sie ist aber auch für die kulturprotestantische Tradition in Deutschland in etwa akzeptabel, während sie dem traditionellen katholischen Kirchenverständnis diametral entgegensteht.

Eine zweite, stärker soziologische Interpretationslinie sieht einen Zusammenhang zwischen der Transformation der Gesellschaftsstrukturen und der *Individualisierung der Lebensführung*. Wie oben (III.2.1) erwähnt, waren in vormodernen Gesellschaftsformationen die Individuen mit Bezug auf all ihre Lebensbezüge in ein und dieselbe soziale Einheit ‚eingeordnet'. Sie waren sozusagen Teil bestimmter sozialer Einheiten, sie unterstanden deren spezifischem Ethos, und sie profitierten von den vorhandenen bescheidenen Schutzvorkehrungen unter der Prämisse ihres eigenen ‚solidarischen' Verhaltens, entbehrten jedoch jeglichen Schutzes außerhalb dieser ‚ihrer' Einheiten. Mit der Auflösung der alten Stände und der hausherrschaftlichen Verbände verloren sich auch diese alten Solidarbindungen, und es gehört zu den normativen Prämissen der ‚modernen' Gesellschaftsformation, daß ein jeder das Recht auf Verfolgung *seines eigenen* Glücks habe, was immer er darunter verstehen mag. Jeder Rechtsfähige ist nur *im Rahmen der staatlich-‚öffentlichen' Gesetze* gebunden. Im übrigen kann er frei über sich verfügen. Pflichten gegenüber ‚privaten' Dritten entstehen ihm nur, soweit er sie *freiwillig als Selbstbindung übernommen hat* – beispielsweise durch Eheschluß, Mitgliedschaft oder Vertrag.

Dieses liberale Bild einer ausschließlich individualistischen Gesellschaft entsprach jedoch im 19. Jahrhundert nicht der Wirklichkeit. Zum einen blieben traditionelle soziale Bindungen weiter bestehen, und zum anderen entstanden aus freiwilligen Zusammenschlüssen im Rahmen z.B. von Vereinen und Verbänden neue ‚intermediäre Strukturen' zwischen Individuum und Staat. Viele dieser intermediären Strukturen bildeten sich entlang der Grenzen weltanschaulicher Orientierungen: Im protestantischen und im laizistischen Bürgertum konkurrierten vor allem liberale und konservative Richtungen, während in der Arbeiterschaft sich sozialistische Ideen verbreiteten. Die Katholiken bildeten in den meisten Ländern einen einigermaßen klassenübergreifenden Block, entsprechend der unter 2.2 bereits skizzierten konfessionsspezifischen Vergesellschaftungsform. Diesen weltanschaulichen Richtungen entsprach das Parteien- und Vereinsleben und weitgehend auch das räumliche Zusammenleben. So gliederte sich die frühmoderne Gesellschaft anscheinend nach weltanschaulichen Gesichtspunkten, d. h., sie waren es, welche die politischen Gruppierungen bestimmten und den Menschen eine geistige Heimat boten.

Auch wenn die Dominanz der weltanschaulichen Gegensätze schon im Gefolge des Ersten Weltkriegs zurückging, so hat die Entkirchlichung in größerem Maße doch erst nach dem Zweiten Weltkrieg Platz gegriffen. In Osteuropa wurde sie gewaltsam vorangetrieben, in Westeuropa entwickelte sie sich schleichend infolge der weiteren Erosion der weltanschaulichen Milieus durch Flucht und Vertreibung, durch zunehmende außerhäusliche Erwerbstätigkeit der Frauen und den wachsenden Einfluß des Fernsehens. Die Erschütterung der Plausibilität der bisherigen „Großerzählungen" (J. F. Lyotard) wurde insbesondere durch die kulturrevolutionäre Bewegung der sogenannten 68er Generation gefördert. Seither ist der einleitend angesprochene Traditionsabbruch offenkundig.

Man kann hier von einem erneuten *Modernisierungsschub* sprechen, der nunmehr auch die Lebensverhältnisse und Einstellungen der *Frauen* erreicht hat. In Deutschland, das durch besonders konservative Familienverhältnisse gekennzeichnet war, hat dies zu einem starken Rückgang der Heiratsbereitschaft und zu wachsender Kinderlosigkeit der Frauen geführt. Familiensoziologische Untersuchungen zeigen, daß die Bereitschaft, eine Familie zu gründen, unter religiös und kirchlich Gebundenen deutlich höher ist als unter den Ungebundenen. Dies verlangsamt im Generationenablauf den Entkirchlichungsprozeß; aber auch in diesen

Familien äußert sich je nach sozialem Umfeld die Spannung zwischen kirchlicher Tradition und emanzipatorischer bzw. religiös indifferenter Modernität.

Diese Entwicklungstendenzen werden heute meist als wachsende *Individualisierung* bezeichnet. Auch dieser Begriff ist wie derjenige der Säkularisierung mehrdeutig und bezeichnet einen mit Bezug auf die Aufklärungsideale ambivalenten Prozeß.[98] Zwei nahezu geflügelte Worte mögen dies verdeutlichen: *„In meinem Lande muß jeder nach seiner Fasson selig werden"*, schrieb Friedrich der Große 1740 auf den Rand einer Anfrage hinsichtlich der Behandlung römisch-katholischer Schulen in Berlin. Jeder *muß* nach seiner Fasson selig werden, die Frage ist, ob er das auch *kann!* Radikaler noch hat Jean-Paul Sartre denselben Sachverhalt auf die Formel gebracht: *„Der Mensch ist zur Freiheit verurteilt... ohne Unterstützung und ohne Hilfe ist er verurteilt, jeden Augenblick den Menschen zu erfinden."* Ob er das kann, möchte ich als den Ernstfall der Moderne bezeichnen.[99]

Dieser *Ernstfall der Moderne* gilt auch für den Bereich der Religion. Zwar wird heute allgemein von einer Individualisierung des Religiösen gesprochen, und das klingt zumal für protestantische Ohren ja durchaus akzeptabel. Bemerkenswerterweise löst sich jedoch gleichzeitig die Vorstellung von ‚Religion' und ‚Religiosität' zunehmend von derjenigen des Christentums, und es nimmt auch der Anteil derjenigen zu, die sich als „kein religiöser Mensch" bezeichnen: In Westdeutschland bezeichneten sich 1981/82 22 %, 1996 29 % als „nicht religiös", in Ostdeutschland 1996 gut die Hälfte.

---

[98] Für unterschiedliche Positionen zu diesem Verhältnis vgl. *Religiöse Individualisierung oder Säkularisierung. Biographie und Gruppe als Bezugspunkte moderner Religiosität.* Hrsg. v. Karl Gabriel. Gütersloh 1996.

[99] Vgl. Kaufmann: *Religion und Modernität*, a. a. O., S. 173 f.

Wir können heute ein zunehmendes vorstellungsmäßiges Auseinandertreten von „Kirchlichkeit", „Christlichkeit" und „Religion" beobachten, noch stärker übrigens in der Publizistik als in den Meinungsumfragen. Der Begriff ‚Religion' – meist in einem individualistischen Sinne als ‚Religiosität' verstanden – ist heute dabei, sich von seinen kirchlichen und christlichen Konnotationen zu lösen und einen recht unscharfen Erfahrungsraum zu bezeichnen, auf den im folgenden Kapitel genauer einzugehen ist.

4. Offene Fragen

Wir stehen heute also offensichtlich in einer neuen Phase der religiösen Entwicklung, die in erster Linie durch einen zunehmenden Relevanzverlust des Kirchlichen für die individuelle Lebensführung gekennzeichnet ist. Die religiöse Zugehörigkeit ist heute nicht nur im politischen, sondern auch im lebensweltlichen Sinne zu einer ‚Privatsache' geworden. Gleichzeitig finden jedoch kirchliche Äußerungen, insbesondere solche zu wirtschaftlichen und sozialen Fragen, aber auch zu allgemein-politischen Themen mit ethisch-moralischem Appeal mitunter erstaunliche öffentliche Resonanz. Die Kirchen gelten nach wie vor als wichtige Repräsentanten der öffentlichen Moral, nicht mehr jedoch als Autoritäten für die private Moral.

Diese Beobachtungen legen eine Reihe von Fragen nahe, die für eine zukunftsbezogene Gegenwartsdiagnose hinsichtlich der Überlebensformen des Christentums und ihrer Entwicklungsperspektiven von Bedeutung sind:

1. Warum erweist sich der im vorangehenden als „Verkirchlichung des Christentums" bezeichnete Zustand im Zuge der fortschreitenden Modernisierung als instabil? Wel-

ches sind die Faktoren, die zum zunehmenden Plausibilitäts- und Vertrauensverlust der Kirchen beitragen?

2. Was hat es mit der Verselbständigung des Bedeutungsfeldes des Religiösen auf sich? Entstehen neue Religiositätsmuster, und woran lassen sie sich als religiöse erkennen, wenn die kirchenbezogenen Konnotationen von „Religion" ihre öffentliche Plausibilität verlieren?

3. Handelt es sich bei den beobachtbaren Krisenphänomenen des Religiösen um ein spezifisches Problem der Religion oder gar des Christentums, oder um ein allgemeineres Problem, das auch das Projekt der Aufklärung mit betrifft?

4. Was spricht für und gegen eine Fortsetzung der beobachtbaren Trends? Was ist die Aussagekraft, und wo liegen die Grenzen des Modernisierungskonzeptes, an dem wir uns bisher orientiert haben?

5. Was folgt aus alledem für die Zukunft der christlichen Traditionen? Sind Renaissancen des Christlichen möglich, und wie könnte man sich diese vorstellen?

V. Überlebt das Christentum die Moderne?

Das Interesse unserer Überlegungen richtet sich auf die Frage nach der Zukunft des Christentums unter den Bedingungen der entfalteten Moderne. Ich habe diese Frage in einen größeren historischen Zusammenhang gestellt, weil sowohl ‚Christentum' als auch ‚Moderne' die heute etablierten Bezeichnungen für geschichtliche Zusammenhänge von erheblicher zeitlicher Ausdehnung sind. Beide Namen sind im übrigen erst in den letzten Jahrzehnten vorherrschend geworden.

1. Zur Fragestellung

Von *Christentum* ist im ökumenischen Sprachgebrauch der Kirchen normativ und im gesellschaftlichen Sprachgebrauch der Öffentlichkeit deskriptiv die Rede, um die vielfältigen Traditionen des Gottesglaubens zu bezeichnen, die ihren entscheidenden Bezugspunkt in der Botschaft des Jesus von Nazaret finden, den seine Jünger als den Messias, den Gesalbten, den Christus bekannt haben. Diese Traditionen bezeichnen sich in ihren sozialen Manifestationen zumeist als *Kirchen*, was nicht ausschließt, daß auch dieser Begriff unterschiedliche Interpretationen erfahren hat. Denn als ‚Kirche' haben sich christliche Gemeinschaften stets nur insoweit anerkannt, als sie deren prinzipielle Rechtgläubigkeit akzeptierten. ‚Kirche' ist somit – wie ‚Person' – ein Begriff der Anerkennung als meinesgleichen.

Angesichts des geringeren historischen Abstands ist es schwieriger, zu einem allgemein konsensfähigen Begriff von *Moderne* zu gelangen. Auch hier können wir normative und deskriptive Auffassungen unterscheiden. In einem normativen Sinne ist das „Projekt der Moderne" vor allem von Jürgen Habermas mit den Werten der Aufklärung identifiziert worden.[100] In einem deskriptiven Sinne wird ‚Moderne' oft als Epochenbegriff verwendet, was jedoch in erhebliche Abgrenzungsschwierigkeiten führt. Das zeigt nicht zuletzt der etwa gleichzeitig – nämlich seit den 1960er Jahren – prominent gewordene Begriff der ‚Postmoderne' oder der kürzliche Vorschlag einer ‚zweiten Moderne' (Ulrich Beck). Denn seinem Wortsinn nach verweist ‚modern' stets auf *Gegenwärtiges*. ‚Modern' ist also stets nur die jüngste Gegenwart, welche alsbald veraltet und durch eine neue Gegenwart (z. B. die ‚Postmoderne') überholt wird.

Will man ‚Moderne' als Epochenbegriff ansetzen, so müßte konsequenterweise gerade dieser Zug der Veränderlichkeit, oder genauer gesagt: der Legitimität von Wandel begrifflich hervorgehoben werden: ‚Modern' im normativen Sinne bedeutet, daß das Neue besser als das Alte ist, wie umgekehrt ‚traditional' im normativen Sinne die Überlegenheit des Bestehenden gegenüber dem Neuen behauptet. Ist Tradition eine Kategorie der Vergangenheitsorientierung und des Beharrens, so Modernität eine Kategorie der Zukunftsorientierung und der Bewegung; in den Worten Jacob Burckhardts: der „Geist der ewigen Revision"[101]. Betrachtet man die Leitsemantiken der mit der Aufklärung beginnenden Epoche – man denke an Begriffe wie ‚Freiheit', ‚Fortschritt', ‚Innovation', ‚Revolution', ‚Evolution' ‚Lernen' oder ‚Anpassung' –, so beziehen sie sich alle auf eine *offene Zukunft*, die im Fortschrittsglauben der Aufklärung mit positiven Erwartungen besetzt wurde. Soweit dieser Fortschrittsglaube zurücktritt, und dies ist in den meisten sich als ‚postmodern' be-

---

[100] Vgl Habermas, Jürgen: *Der philosophische Diskurs der Moderne.* Frankfurt a. M. 1985.
[101] Vgl. Kaufmann, *Religion und Modernität*, a. a. O., S. 35 ff.

zeichnenden Positionen der Fall, so wird die nicht mehr zu vereinheitlichende Pluralität der Sinnstrukturen betont und die nicht zu bändigende Dynamik der Verhältnisse ambivalent oder skeptisch auf ihre Möglichkeiten hin befragt, ohne doch in der Vergangenheit eine Alternative zu sehen.[102]

Die Aufklärung ging davon aus, daß es dem Menschen möglich sei, sich in ein unmittelbares Verhältnis zur ‚Welt‘ zu setzen. Dem gegenüber gehört es zu den grundlegenden Einsichten der letzten Jahrzehnte, daß die Komplexität der Wirklichkeit all unser Begreifen übersteigt, daß die Vorstellung vom Menschen als „maître et possesseur de la nature" (Descartes) eine *fortschrittsförderliche Illusion* geblieben ist.[103] Wir könnten daher die etwas plakative Titelfrage dieses Kapitels schon an dieser Stelle unter Verweis auf die Offenheit und Unerkennbarkeit der Zukunft als im strengen Sinne unbeantwortbar bezeichnen.

Gleichwohl steckt in ihr ein analytisch zu entwickelndes Argument: Der Begriff des Christentums ist auf *vergangene* Ereignisse und auf *Traditionen* bezogen, die diese Ereignisse interpretieren; es erscheint deshalb im Sinne unseres Modernitätsbegriffs als notwendigerweise ‚unmodern‘. Während die aufklärerische Moderne in ihrem Fortschrittsglauben sich von Traditionen als Vergangenem glaubte absetzen zu können, entdeckt das postmoderne Denken angesichts der Notwendigkeit, sich mit einer unklaren Zukunft und

---

[102] Für die Diskussion um Moderne und Postmoderne vgl. insbesondere: Wellmer, Albrecht: *Zur Dialektik von Moderne und Postmoderne.* Frankfurt a. M. 1985; *Moderne oder Postmoderne?* Hrsg. von Peter Koslowski u. a. Weinheim 1986; Welsch, Wolfgang: *Unsere moderne Postmoderne.* Weinheim ²1988. Für eine theologische Auseinandersetzung vgl. Kunstmann, Joachim: *Christentum in der Optionsgesellschaft. Postmoderne Perspektiven.* Weinheim 1997.
[103] Vgl. Richter, Emanuel: *Der Zerfall der Welteinheit. Vernunft und Globalisierung in der Moderne.* Frankfurt / New York 1992.

einer vielfach verwirrenden Gegenwart auseinandersetzen zu müssen, erneut den Wert von Traditionen als einem kulturellen Reservoir möglicher Deutungsmuster. Gleichzeitig bleibt jedoch das moderne Bewußtsein einer *Distanz zur Vergangenheit* bestehen. Man kann aus der realen Dynamik des Wandels nicht einfach aussteigen, aber man sucht nach Orientierungspunkten und stabilisierenden Momenten, die sich bestenfalls aus der historisch gewordenen eigenen Kultur ergeben können. Von daher erklärt sich auch das erneute Interesse an unserer eigenen Geschichte.

In diesem Sinne *hat* das Christentum die aufklärerische Moderne bereits überlebt. Es wird aber gleichzeitig mit den Wirkungen der modernen Dynamik konfrontiert, welche nunmehr seine historische Kontinuität in Frage stellt und *es selbst unter Veränderungsdruck setzt*. Man kann die postmoderne Situation des Christentums daher insofern als paradox bezeichnen, als von ihm eine die kulturellen und moralischen Orientierungen stabilisierende Leistung erwartet wird, aber gleichzeitig seine ‚Rückständigkeit' beklagt wird.

Mit dem Programm eines ‚Aggiornamento' der katholischen Kirche hat Papst Johannes XXIII. die Aufgabe des Zweiten Vatikanischen Konzils daher seinerzeit sehr zeitgemäß umschrieben, und obwohl das Konzil die Begriffe ‚Moderne' und ‚Modernisierung' nicht verwendet hat, hat es in wesentlichen Hinsichten die Herausforderungen der *damaligen* Moderne aufgenommen.[104] Aber der Wandel setzte sich fort: Heute hat die katholische Kirche sich z. B. mit den Herausforderungen durch die mit dem Selbstverständlich-Werden der Geburtenkontrolle sich wandelnden Einstellungen

---

[104] Vgl. hierzu *Vatikanum II und Modernisierung. Historische, theologische und soziologische Perspektiven.* Hrsg. von Franz-Xaver Kaufmann und Arnold Zingerle. Paderborn 1996.

zur Sexualität und der Frauenemanzipation auseinanderzusetzen, mit denen sich das Zweite Vatikanum noch kaum befaßt hatte.

Das Christentum verdankt seinen geschichtlichen Erfolg der Fähigkeit, seine Botschaft stets erneut im Lichte unterschiedlicher Kulturen auszulegen. Trotz seiner Traditionsgebundenheit hat es dabei eine erstaunliche historische Komplexität erreicht, d. h., es bewahrt in seinen Traditionen eine Vielfalt der Auslegungen auf, die uns heute, in einer angesichts der ungewissen Zukunft besonders geschichtssensiblen Zeit, *als eine Ressource* erscheinen mögen. In einer Epoche fortgesetzten Wandels wird auch das Christentum zu neuen Auslegungen seiner Botschaft und zur Entwicklung zeitgemäßer Formen der Vergemeinschaftung herausgefordert. Es wird aber seine Aufgabe nicht als Anpassung, sondern nur in *kritischer Zeitgenossenschaft* erfüllen können.

Im folgenden sei zunächst eine soziologische Erklärung für den diagnostizierten Trend zur Entkirchlichung, zur Entkonfessionalisierung und zum Plausibilitätsverlust des christlichen Gottesglaubens versucht. Sie führt zum Ergebnis, daß es weniger der Inhalt des christlichen Glaubens als die Veränderung seines gesellschaftlichen Stellenwerts ist, wodurch sich sein Bedeutungsverlust für die Individuen erklären läßt. Dennoch bleibt das ursprünglich christliche Ideal der Personalität als Ausdruck menschlicher Freiheit erhalten. Deshalb wird anschließend nach den Bedingungen für die Ausbildung einer handlungsfähigen individuellen Persönlichkeit gefragt, die den Hoffnungen der Aufklärung entspricht. Dabei wird eine veränderte, nämlich subjektbezogene Vorstellung des Religiösen erkennbar, die zu christlichen Sinngehalten und kirchlichen Handlungsweisen nur noch in einer sehr indirekten Beziehung steht. Dies führt zu abschließenden Überlegungen zu den Aussichten des Christentums in unserer Zeit.

2. Bedingungen und Ursachen des Traditionsabbruchs christlicher Glaubensvermittlung

Befragt man die vorliegende Literatur, so werden vielfältige Gründe für den Plausibilitätsverlust des Christentums genannt: die wissenschaftliche Unbeweisbarkeit Gottes; die Widersprüche zwischen biblischer und zeitgenössischer Wirklichkeitsauffassung, beispielsweise hinsichtlich der Entstehung der Welt; der Vorrang des individuellen Gewissens vor den Ansprüchen biblischer oder kirchlicher Art; die unhintergehbare Pluralität der Wirklichkeiten im Gegensatz zum monotheistischen Charakter religiöser Ansprüche usf. Sieht man von dem letzten, typisch ‚postmodernen‘ Argument ab, so werden die Argumente schon seit über hundert Jahren vorgetragen und haben durchaus ernsthafte Antworten von seiten der christlichen Theologie gefunden.

Insbesondere wird im Horizont der postmodernen Akzeptanz einer in sich pluralen Vernunft die Möglichkeit eines eigenständigen religiösen Denk- und Erfahrungsbereichs nicht mehr von wissenschaftlichen Testkriterien abhängig zu machen sein. Es ist – zum mindesten für den Soziologen – auch wenig plausibel, daß bevölkerungsweite Veränderungen unmittelbar von diskursiven Argumenten bestimmt sein sollen. Im Sinne einer soziologischen Perspektive ist auch im folgenden nach langfristig wirksamen *sozialen* Momenten zu fragen, die den allgemeinen Trend zur Entkirchlichung und den dramatischen Traditionsabbruch seit den siebziger Jahren in Deutschland zu erklären geeignet sind.

Selten genannt, jedoch am elementarsten wirksam ist die *Einführung und zunehmende Akzeptanz der Religionsfreiheit.* Zwischen 380, als Kaiser Theodosius I. das römisch-byzantinische Christentum zur Staaatsreligion erklärte, und 1789, vielerorts sogar bis ins 20. Jahrhundert, war die Zugehörigkeit zum jeweils ‚richtigen' christlichen Bekenntnis entweder eine soziale Selbstverständlichkeit, oder eine Frage des Überlebens, oder zum mindesten ein Gebot praktischer Klugheit. Die Rede vom ‚nachkonstantinischen' oder ‚nachchristentümlichen' Zeitalter soll eben dieses Schwinden der politisch und rechtlich erzwungenen Selbstverständlichkeit der Zugehörigkeit ausdrücken. Solange Kirchenaustritte nicht möglich waren, konnte die oft schon bestehende innere Emigration nicht sichtbar werden. Und für den großen Teil der Bevölkerung stabilisierte sich ihre Religionszugehörigkeit ohnehin als Konformität zur verbreiteten *Sitte,* und die ließ sich durch Verbot und die Verfolgung von Abweichlern recht erfolgreich stabilisieren.

Der Wegfall der staatlichen Norm der Kirchenzugehörigkeit ist also der elementarste und langfristigste Grund für deren Rückgang. Freiwilligkeit kann nie so flächendeckend sein wie Zwang. Der Widerstand vor allem der römisch-katholischen Kirche gegen die Religionsfreiheit, der seinen dramatischen Höhepunkt und sein Ende im Ringen des Zweiten Vatikanischen Konzils um die Erklärung zur Religionsfreiheit mit dem bezeichnenden Titel *Dignitatis Humanae* fand, hatte aus der herkömmlichen Perspektive geistlicher Herrschaft durchaus gute Gründe für sich. Bis zum Zweiten Vatikanischen Konzil hat die katholische Kirche deshalb *die konfessionelle Bindung des Staates* gefordert. Und so wird auch schon im Einleitungssatz dieses Dokuments die tiefgreifende, und doch dem christlichen Wurzelgrund entstammende Wende der päpstlichen Doktrin deutlich: „Die

Würde der menschlichen Person kommt den Menschen unserer Zeit immer mehr zum Bewußtsein, und es wächst die Zahl derer, die den Anspruch erheben, daß die Menschen bei ihrem Tun ihr eigenes Urteil und eine verantwortliche Freiheit besitzen und davon Gebrauch machen sollen, nicht unter Zwang, sondern vom Bewußtsein der Pflicht geleitet."[105] Mit der normativen Bejahung der staatlich gewährleisteten Religionsfreiheit war auch die Absage an eine konfessionelle Bindung politischer Gemeinwesen verbunden.

2.2 Auflösung von Milieubindungen und Legitimitätsverlust

Die Entkirchlichung setzte nicht als unmittelbare Folge der mehr oder weniger weit gehenden Trennung von Staat und Kirche ein. Charakteristischerweise bildeten sich, wie beschrieben (vgl. IV.2.2 und 3), im 19. Jahrhundert *weltanschaulich geprägte Sozialmilieus:* konservative und liberale im protestantischen Bürgertum, sozialistische in der Arbeiterschaft und klassenübergreifende im Katholizismus. Solange also ,katholische', ,protestantische' oder ,sozialistische' Milieus die Selbstverständlichkeit des jeweiligen Glaubens sicherten, bestand ein Schwebezustand zwischen sozialer Kontrolle und Freiwilligkeit, oder genauer: *Es bestand typischerweise kein bewußtseinsmäßiger Gegensatz zwischen beidem.* Die sozialen Bindungen stützten die persönlichen Einstellungen, und überdies sorgte eine nach Weltanschauungen kompartimentierte Öffentlichkeit dafür, daß die Plausibilität der Auffassungen im eigenen Milieu

---

[105] Erklärung über die Religionsfreiheit *Dignitatis Humanae,* in: *Lexikon für Theologie und Kirche.* 2. Aufl. Sonderausgabe Freiburg i. Br. 1986. Bd. 13, S. 703–748, hier Ziff.1, S. 713. Zum US-amerikanischen Einfluß auf die Entstehung der Erklärung vgl. Komonchak, Joseph A.: Das II. Vatikanum und die Auseinandersetzung zwischen Katholizismus und Liberalismus. In: *Vatikanum II und Modernisierung,* a. a. O., S. 147–169.

kaum hinterfragt wurde. Diese Milieuzugehörigkeiten waren in der Regel über familiäre Zugehörigkeiten bestimmt, und ihre Wertorientierungen wurden im Rahmen familialer Sozialisation weitergegeben und vielfach auch durch Konfessionsschulen und weltanschaulich orientierte Jugendgruppen in der kritischen Jugendphase stabilisiert. *Die in diesen Zusammenhängen wirksamen kirchlichen Formen der Glaubensweitergabe erfuhren hier somit nachhaltige Verstärkung durch das sozialisatorische Umfeld.* Personen und Generationen, die unter einem solchen Sozialisationsarrangement aufgewachsen sind, behalten auch im Erwachsenenalter in der Regel stabile religiöse bzw. weltanschauliche Einstellungen.

Dieses weltanschaulich homogene Sozialisationsarrangement war für einen schnell wachsenden Teil der nach dem Zweiten Weltkrieg heranwachsenden Generationen nicht mehr gegeben. Und die Veränderung war in Westdeutschland besonders ausgeprägt.[106] Die 68er Bewegung führte zu einer allgemeinen Institutionenkritik, welche unter Berufung auf ein aufklärerisches Emanzipationsverständnis die Plausibilität herrschender Legitimationen auf breiter Front in Frage stellte: „Hinter den Talaren – Muff von tausend Jahren!" In der Konsequenz hat dies zu einer nachhaltigen ‚Individualisierung' – Kritiker würden sagen: zu einem Orientierungsverlust – der nachfolgenden Generationen beigetragen.

Aber warum, so wäre weiter zu fragen, trat die freiwillige Glaubensbejahung nicht in einem einigermaßen stabilen Umfang an die Stelle der politisch und sozial kontrollierten Zugehörigkeit? Ein diesbezügliches Gegenbeispiel bieten

---

[106] Eine anschauliche Darstellung der Veränderungen und ihrer kirchlichen Auswirkungen gibt Karl Gabriel: *Christentum zwischen Tradition und Postmoderne.* Freiburg i. Br. [5]1996.

die Vereinigten Staaten, wo sich die Wahlfreiheit hinsichtlich eines *bestimmten* Bekenntnisses bereits früh durchsetzte, aber die Erwartung der Zugehörigkeit zu *irgendeinem* religiösen Bekenntnis jedoch bis heute kulturell verankert und weitgehend sozial sanktioniert ist. „Während in europäischen Gesellschaften religiöse Verschiedenheit (Abweichung) als Bedrohung des gesellschaftlichen Zusammenhalts gesehen wurde, war in den Vereinigten Staaten gerade die Duldung einer derartigen Vielfalt eine notwendige Bedingung dafür."[107] Dort gelang es also, die Religionszugehörigkeit als Moment einer positiven Freiheitsbetätigung auch im Horizont der Aufklärung zu verankern. Da die Religionsgemeinschaften dort zunehmend um Mitglieder konkurrieren mußten, blieb auch der dem Christentum immanente missionarische Auftrag als gelebte Praxis lebendig, und die partizipativen Gewohnheiten der amerikanischen Demokratie ‚vor Ort' schlugen sich auch in der Praxis der meisten Kirchen nieder. Die Denominationen leben im wesentlichen auf der Ebene der Kirchengemeinden, die sich sehr um die Gewinnung neuer Mitglieder bemühen.

Im Gegensatz zu Amerika blieb das Christentum in Europa bis ins 20. Jahrhundert in den meisten Ländern staatskirchlich oder sonstwie konfessionell monopolistisch verfaßt. Freikirchliche Bestrebungen spielten nur eine untergeordnete Rolle, so daß die Kirchenleitungen kaum unter Konkurrenzdruck gerieten und das partizipative Moment sich erst spät entwickelte. Vielfach wurde die *Kirchenzugehörigkeit auch als traditionales und tendenziell freiheitsbeschränkendes Moment wahrgenommen,* wozu die Praxis der katholischen Kirche bis zum Zweiten Vatikanum und die kollektive Erinnerung an konfessionelle Auseinander-

---

[107] Wilson, Bryan: Die christliche Gemeinschaft. In: *Geschichte des Christentums,* a. a. O., S. 587–612, Zitat S. 590.

setzungen auch innerhalb des Protestantismus beitrug.[108] Es scheint also so etwas wie ein kollektives Gedächtnis zu geben, durch welches Traditionen und Traumata vielleicht weniger inhaltlich als hinsichtlich ihrer Wertigkeit von Generation zu Generation weitergegeben werden.

Alles in allem steht zu vermuten, daß in Deutschland und einigen anderen europäischen Staaten der Verlust konfessioneller Milieubindungen ein entscheidender Faktor für die sinkende Verbundenheit der Bevölkerung mit ihren Kirchen und für die sinkende Plausibilität dessen, was die Kirchen vertreten, geworden ist. Dabei scheint als Folge des Verlustes der Milieubindungen der kirchliche Anspruch nun als fremdbestimmender in Widerspruch zu den eigenen Autonomieansprüchen zu geraten. Dies könnte auch erklären, weshalb Eltern heute zunehmend auf den Versuch verzichten, ihren eigenen Glauben ausdrücklich an ihre Kinder weiterzugeben und die religiöse Orientierung statt dessen als eine Frage der eigenen kindlichen Entscheidung betrachten.

---

[108] In eine ähnliche Richtung weist eine Studie von Franz Höllinger, welche versucht, die erheblichen Unterschiede der aktuellen Kirchenbindung, wie sie im Rahmen der Europäischen Wertstudie und ähnlichen Erhebungen gemessen wurde, anhand ausgewählter Länder und Regionen zu erklären. Er stellt fest, daß die heutzutage wohl weitgehend freiwillige Kirchenbindung in denjenigen Regionen nach wie vor stark ist, welche zur Zeit ihrer Missionierung eine ‚Christianisierung von unten' erfahren haben; so beispielsweise der süddeutsche Raum, wo sich das Christentum sehr allmählich, aber nachhaltig ausgebreitet hat. Wo jedoch – wie bei den Sachsen und in den ostdeutschen Gebieten – das Christentum ‚von oben', im Zuge mehr oder weniger kriegerischer Eroberungen oder durch Überlagerung einer neuen Herrenschicht verbreitet wurde, hat es offenbar auch weniger tief Fuß gefaßt. Vgl. Höllinger: *Volksreligion und Herrschaftskirche*, a. a. O., S. 249 ff.

2.3 Optionserweiterung

Ein auch für die im Vorangehenden skizzierten Entwicklungen maßgeblicher Einflußfaktor verdient eigenständige Erwähnung, da er nicht nur zum Plausibilitätsverlust traditioneller Orientierungen, sondern auch zum *Relevanzverlust der Kirchenzugehörigkeit* beiträgt. Die allgemeine Wohlstandssteigerung und die damit einhergehenden technologischen Fortschritte bewirkten nach dem Zweiten Weltkrieg eine weitreichende Veränderung der Lebensbedingungen und der Wahrnehmungshorizonte: Die allgemeine Motorisierung und die Verbreitung des Fernsehens, die zunehmende Bildungsbeteiligung, die Einbeziehung auch der verheirateten Frauen in die außerhäusliche Erwerbstätigkeit, die Verkürzung der Arbeitszeiten und die wachsende Bedeutung des Tourismus führten zu einer *alltäglichen Horizonterweiterung von bis dahin unvorstellbaren Ausmaßen.* Immer größere Weltausschnitte und immer mehr Möglichkeiten wurden dem einzelnen bewußt, und zugleich vervielfältigten sich die Möglichkeiten auch tatsächlich. Mehr noch: Von den technischen Fortschritten und der vor allem in den letzten zwei Jahrzehnten wiederum zunehmenden wirtschaftlichen Konkurrenz geht eine Beschleunigung des sozialen Wandels aus, der auch die Lebensverhältnisse, insbesondere der nachwachsenden Generationen, in atemberaubender Weise verändert.

Immer häufiger stellen sich Fragen der Lebensführung, auf die die Traditionen der Herkunftsmilieus keine plausiblen Antworten bereithalten. Deshalb wächst der Einfluß der Gleichaltrigen, der Bildungs- und Beratungseinrichtungen und der Massenmedien, zu Lasten der Herkunftsmilieus und ihrer hauptsächlichen Träger: Familie und Kirche.

Aber auch unabhängig von diesem Plausibilitätsverlust, der mit Bezug auf die Familienbeziehungen eher ein Übergangsphänomen zu sein scheint, muß auf einen sehr elementaren Sachverhalt aufmerksam gemacht werden: *Je mehr Möglichkeiten zur Auswahl stehen, desto geringer wird die allgemeine Wertigkeit oder Relevanz jeder einzelnen Möglichkeit.*[109] Ausnehmend wertvoll und relevant werden Möglichkeiten nun nur noch, sofern ihnen eine solche Wertigkeit im Akt des Auswählens *seitens der Wählenden selbst* gegeben wird. Der Trend zur Optionserweiterung beeinträchtigt somit nicht nur die Plausibilität von Traditionen, sondern erzeugt auch einen fortgesetzten *Entscheidungsdruck.* Das Individuum steht nunmehr vor der Alternative, die jeweils nächstbeste ihm präsentierte Möglichkeit zu ergreifen, oder aber eigene Strategien des Umgangs mit der Komplexität der Möglichkeiten zu entwickeln und *durch reflektierte Wahl sein ,eigenes Leben' zu gestalten.* Reflektierte Wahl heißt jedoch stets auch: bewußter Verzicht auf *andere* Möglichkeiten. Und so bedarf es einer gewissen inneren Distanzierungsfähigkeit von gegenwärtigen Situationen und brauchbarer persönlicher Auswahlkriterien, ja der individuell zu entwickelnden Entscheidungsroutinen, um sich einen Handlungsspielraum zu erhalten. Nicht von ungefähr wird das ,Zeitmanagement', also der strategische Umgang mit der je eigenen Lebens-, Jahres-, Wochen- und Tageszeit, unter dem Gesichtspunkt eigener Wünsche und Ziele zu einem aktuellen Thema der Lebensberatung.[110]

---

[109] Man kann sich das auch am Problem der Zeitknappheit verdeutlichen: Unter traditionellen, in ihren Möglichkeiten eingeschränkten Bedingungen verläuft das Leben gemächlich; die Zeitknappheit entsteht erst, sobald Menschen mit einem Überschuß von für sie attraktiven Möglichkeiten konfrontiert werden. Vgl. Linder, Staffan B.: *Das Linder-Theorem – oder: Weshalb wir keine Zeit mehr haben.* Gütersloh/Wien 1971.

[110] Vgl. z.B. Seiwert, Lothar J.: *Wenn Du es eilig hast, gehe langsam. Das neue Zeitmanagement in einer beschleunigten Welt.* Kassetten-Seminar. Frankfurt/New York 1999.

Die Auswahlkriterien sind in dieser Situation *strukturell subjektiv*, d. h., die unter Bedingungen manifester Überkomplexität lebenden Menschen sind um ihrer Selbstbehauptung und Handlungsfähigkeit willen *genötigt*, eigene Zielvorstellungen und darauf bezogene Entscheidungskriterien zu entwickeln. Keine Institution ist strukturell in der Lage, in ihren Leitbildern und Normsystemen einen der komplexen Entscheidungssituation der einzelnen angemessenen Satz von Entscheidungskriterien und -routinen anzugeben, auch nicht die christlichen Kirchen. Der Respekt vor der Autonomie des einzelnen, der von den reformatorischen Kirchen zum mindesten dogmatisch, wenngleich nicht immer praktisch, schon seit langem vertreten wurde, hat schließlich in der Anerkennung der Religions- und Gewissensfreiheit durch das Zweite Vatikanische Konzil auch im Katholizismus grundsätzlich Fuß gefaßt.

Von dieser Autonomie wird heute in Europa zunehmend im Sinne eines Abschieds oder zum mindesten Desinteresses *an den Kirchen* Gebrauch gemacht. Diese Distanzierung betrifft jedoch nicht die Kirchen allein, sondern auch andere Großorganisationen wie z. B. die Gewerkschaften oder die Parteien. *Die ihrer Tendenz nach ganzheitliche Inpflichtnahme, welche mit der milieuspezifischen Verankerung dieser Großorganisationen verbunden war, erscheint heute, da der einzelne nicht mehr von den Plausibilitäten eines umfassenden weltanschaulichen Milieus getragen wird, als Bedrohung der eigenen Autonomie.* In den USA dagegen brachte es die frühe Verankerung der Religions-, Glaubens- und Gewissensfreiheit mit sich, daß die Wahlmöglichkeit, aber auch die Notwendigkeit freier Entscheidung für bestimmte weltanschauliche Orientierungen weit stärker in den kulturellen Selbstverständlichkeiten verankert sind.

3. Der Ernstfall der (Post-)Moderne

Diese Beobachtungen führen zu einem zweiten Fragenkomplex, nämlich nach den Bedingungen einer *personenbezogenen Relevanz des Christentums*. Im Vorangehenden wurde die funktionale Notwendigkeit persönlicher Autonomie unter den Bedingungen einer überkomplexen Moderne plausibel gemacht. Und gegen Ende des letzten Kapitels war vom „Ernstfall der Moderne" als dem Problem die Rede, daß der einzelne sich zunehmend ohne durch seine Lebenswelt stabilisierte Vorgaben „selbst erfinden" müsse. *Lebensführung wird so zu einem Problem fortgesetzter persönlicher Entscheidungen*. Wie aber gelangt der Mensch zu solcher Entscheidungsfähigkeit?

3.1 Das Problem der Identität

Unter den Bedingungen homogener sozialer Milieus erscheint die sogenannte *Verinnerlichung von Werten und Normen*, also ihre Übernahme aus den verbreiteten Auffassungen der Umwelt als eine zureichende Antwort, und so argumentierte noch die Sozialisationstheorie im Gefolge von Talcott Parsons. Mit der Heterogenisierung und Entstrukturierung der Lebenswelten kann diese Erklärung jedoch nicht mehr überzeugen. Man hat daraufhin *Identitätsentwicklung* oder ‚die autonome Persönlichkeit' zum Sozialisationsziel erklärt, ohne recht erklären zu können, wie sie zustande kommt. Und im Kontext postmoderner Diskurse wurde gelegentlich auch empfohlen, angesichts der Pluralität von Sinnhorizonten und der unüberschaubaren Vielfalt von Möglichkeiten den Menschen *die Konsistenz von Identitätsansprüchen gar nicht mehr zuzumuten*. Dann allerdings wäre der angesprochene Ernstfall der Moderne eingetreten: Die im Namen menschlicher Selbstbehauptung angetretene Moderne würde sich dann endgültig als leeres Versprechen entpuppen.

Sieht man von einer wichtigen Vorarbeit Lothar Krapp-manns ab[111], so ist – zum mindesten im deutschen Sprach-raum – erst in jüngster Zeit durch die Arbeiten von Hans Joas ein gewisses Licht in die Bedingungen menschlicher Autonomie gebracht worden.[112] Joas knüpft dabei an Denk-traditionen des in Europa stets unterschätzten amerikani-schen Pragmatismus an, insbesondere an die Religionstheo-rie von William James.[113] James, der auch persönlich schon früh in einen existentiellen Konflikt zwischen wissen-schaftlichem Determinismus und menschlicher Freiheit geraten war, stellte in seinem Versuch, der religiösen Erfah-rung einen Ort in einer nachmetaphysischen, von wissen-schaftlichen Wahrheitskriterien imprägnierten Kultur zu sichern, einen direkten Zusammenhang zwischen „persön-licher Religion" und dem menschlichen Willen her, der uns zurück in die Nähe jener mittelalterlichen Bestimmung des Menschen als ,ens morale' führt (vgl. III.1).

3.2 Werteentstehung als verbindliche Erfahrung

James wie die franziskanische Theologie des Mittelalters in-sistieren auf der *Inkommensurabilität zwischen Naturver-hältnissen und menschlichen Verhältnissen.* Letztere sind konstitutionell von der menschlichen *Willensfreiheit* be-stimmt, welche bei den Franziskanern trinitätstheologisch,

---

[111] Krappmann, Lothar: *Soziologische Dimensionen der Identität.* Stuttgart ³1973

[112] Vgl. Joas, Hans: *Die Kreativität des Handelns.* Frankfurt a. M. 1992; ders.: *Die Entstehung der Werte.* Frankfurt a. M. 1997.

[113] Vgl. James, William: *Die Vielfalt religiöser Erfahrung.* Frankfurt a. M. / Leipzig 1997 (engl. 1902). „James' Buch ist nicht nur der klassische Text der frühen Religionspsychologie und ein kaum überholtes Exempel einer Phä-nomenologie der religiösen Erfahrung. Er eröffnet auch einen neuen Zugang zu einer, wenn sich dies sagen läßt, ,postmetaphysischen Religiosität'" (Joas: *Die Entstehung der Werte,* a. a. O., S. 72 f.).

bei James dagegen phänomenologisch plausibilisiert wird: „Es gibt demnach Fälle, wo eine Tatsache überhaupt nicht eintreten kann, wenn nicht vorher ein Glaube an ihr Eintreten da ist. Und wo der Glaube an eine Tatsache helfen kann, sie zu schaffen ..."[114] Wir werden hier an das bekannte Thomas-Theorem erinnert, das ebenfalls aus dem Horizont des amerikanischen Pragmatismus stammt: „If men define situations as real, they are real in their consequences." Bei James ist allerdings nicht von kollektiven Definitionen, sondern von Betätigungen eines *individuellen Vermögens* – ‚Glaube' – die Rede.

Aber wie kommt solcher nicht im wissenschaftlichen Sinne beweisbarer Glaube zustande? Er beruht auf *persönlichen Erfahrungen*, die einer Person das *Selbstvertrauen* in die Richtigkeit ihres Tuns geben. Diese für alle Formen kreativen Handelns charakteristische Konstellation wird von James mit Bezug auf „persönliche Religion" wie folgt zugespitzt: „... die Gefühle, Handlungen und Erfahrungen von einzelnen Menschen in ihrer Abgeschiedenheit, die von sich selbst glauben, daß sie in einer Beziehung zum Göttlichen stehen."[115] Diese Definition ist wesentlich spezifischer als der von Thomas Luckmann im Hinblick auf moderne Gesellschaften entwickelte Religionsbegriff, welcher auf „subjektive Erfahrungen verschiedenster diesseitiger und jenseitiger Transzendenzen" abhebt.[116]

Zwar wird auch bei James keine inhaltliche Bestimmung des ‚Göttlichen' vorausgesetzt, wohl aber eine *qualifizierte*

---

[114] James, William: Der Wille zum Glauben. In: ders.: *Essays über Glaube und Ethik*. Gütersloh 1948, S. 40–67, Zitat S. 61.

[115] James: *Die Vielfalt religiöser Erfahrung*, a.a.O., S. 63 f.

[116] Luckmann, Thomas: Privatisierung und Individualisierung. Zur Sozialform der Religion in spätindustriellen Gesellschaften. In: *Religiöse Individualisierung oder Säkularisierung*, a.a.O., S. 17–28, Zitat S. 19.

Erfahrung von besonderer Verbindlichkeit, wie sie beispielsweise als feierliche, mystische oder enthusiastische beschrieben werden kann. Die dadurch ausgelösten Gefühle „sind für die, die sie haben, genauso überzeugend wie jede andere unmittelbare sinnliche Erfahrung, und sie sind in der Regel viel überzeugender als alle Ergebnisse, die auf dem Wege der reinen Vernunft gewonnen werden. ... Wenn man sie stark hat, kann man sie wahrscheinlich nur als echte Wahrheitserkenntnisse, als Offenbarungen einer Art von Realität betrachten, die kein Gegenargument entkräften kann, selbst wenn man ihm mit Worten nicht gewachsen ist."[117] Selbstverständlich werden die durch solche Erfahrungen ausgelösten *Bindungen nicht als fremdbestimmt, sondern als tiefster Ausdruck des Eigenen erfahren;* religiöse Erfahrungen dieser Art vermögen einer Person eine ‚widerstandsfähige Identität' zu vermitteln, die sich als Selbstbehauptung in den verschiedensten Lebenskontexten äußern kann. Auch aus anderen psychologischen Schulen, etwa der humanistischen Psychologie Viktor Frankls, wird auf die Bedeutung solcher starker, sinnkonstituierender Erfahrungen hingewiesen.[118]

Joas erweitert diese Perspektive auf den Gesamtbereich der sogenannten „starken Wertungen", an denen wir uns beim Abwägen unterschiedlicher Entscheidungsalternativen in letzter Instanz orientieren. Sie zeichnen sich dadurch aus, daß unter ihrem Einfluß „wir ... von Gefühlen der Empörung, der Scham oder der Schuld, der Ehrfurcht oder Bewunderung ergriffen (werden)"[119]. Sie werden von Joas als *Erfahrungen von Selbstbindung und Selbsttranszendenz* interpretiert, welche das charakteristische Moment persönlichkeitsbestimmender ‚Werte' ausmachen. In einer Ausein-

---

[117] James: *Die Vielfalt religiöser Erfahrung,* a. a. O., S. 104f.

[118] Vgl. Frankl, Viktor E.: *Der Wille zum Sinn.* Bern ²1977.

[119] Joas: *Die Entstehung der Werte,* a. a. O., S. 203.

andersetzung mit dem Vertreter eines postmodernen Indifferentismus, Richard Rorty, macht Joas deutlich, daß dieser „gegen seine Absicht, in seiner Begründung eines Minimums öffentlicher Solidarität auf die Dimension moralischer Gefühle und auf die Konsistenz des Selbst (stößt), von der die postmoderne Kritik gerade hatte loskommen wollen"[120].

Ich muß diese knappe Skizze mit der zusammenfassenden These abbrechen, *daß menschliche Autonomie nicht einfach eine zur Reifung kommende Anlage, sondern eine in Erfahrungen von Selbstbindung und Selbsttranszendenz sich allmählich entwickelnde Eigenschaft des Menschen ist, die ihm eine sichere Stellungnahme zu seinen Bedürfnissen und Wünschen, aber auch zu seinen Handlungen sowie zu den Meinungen und Handlungen anderer gestattet.* Autonomie äußert sich in der Fähigkeit zu konsistenten Entscheidungen, also zu intentional kohärent gerichteten Wahrnehmungen, Interpretationen und Wahlhandlungen, welche einer Person ein bestimmtes, meist auch für Dritte erkennbares, Verläßlichkeit suggerierendes und vielfach auch Vertrauen erzeugendes Profil vermittelt. Damit ist weder etwas über den Inhalt dieser ‚starken Werte' noch über die rechtliche oder moralische Qualität autonomer Handlungen gesagt; sondern nur eine bestimmte, im Horizont der westlichen Kultur hoch positiv bewertete Persönlichkeitskomponente benannt.[121] Selbstbehauptung setzt im Horizont erfahrbarer Überkomplexität der Welt einen reflexiven

---

[120] Ebd., S. 249.

[121] Diese Aussage läßt sich allerdings nur aufrechterhalten, wenn die von Thomas von Aquin schon für die Tugend behauptete Mittelstellung zwischen Extremen beachtet wird. Autonomie ist nicht nur von Heteronomie, sondern auch von rigider Prinzipientreue zu unterscheiden, die (nach ihrer psychoanalytischen Interpretation als ‚Überich-Abhängigkeit') heute meist nur noch unter der ideologiekritischen Bezeichnung ‚Fundamentalismus' abgehandelt wird.

Umgang mit dem eigenen Leben voraus, der heute vor allem unter dem Stichwort ‚Biographie' verhandelt wird.[122]

3.3 Religiöse Erfahrung?

Inwiefern handelt es sich bei den Selbstbindung und Selbsttranszendenz erzeugenden Ereignissen um *religiöse* Erfahrungen? Der Religionsbegriff hat sich in jüngerer Zeit deutlich erweitert und individualisiert. Die christlichen Kirchen stehen nicht mehr im Zentrum des öffentlichen Interesses an ‚Religion', sondern „neue religiöse Kultformen, – Überbegriff für Esoterik, New Age, synkretistische Mythensuche, Psychoboom, Ökospiritualität, Magie- und Okkultpraktiken, Naturheil- und Lebenshilfegurus" als „postmoderne Variante der Volksreligiosität"[123]. Was diese „Sehnsuchtsreligionen" charakterisiert, ist eben die Sehnsucht nach religiöser Erfahrung, welche im Rahmen der herkömmlichen Kirchen immer seltener gestillt zu werden scheint.[124] Allerdings weist die Mobilität der ‚Sehnsuchtsreligiösen' zwischen den verschiedenen ‚Angeboten' darauf hin, *daß es offenbar nur selten zur Stillung dieser Sehnsucht in der Form qualifizierter, verbindlicher Erfahrungen im von James beschriebenen Sinne kommt.*

Diese als ‚religiös' zu bezeichnen, wird jedoch nicht nur durch den neueren subjektivistischen Sprachgebrauch von ‚Religion', sondern auch durch den Erfahrungsschatz der

---

[122] Vgl. Hahn, Alois: Biographie und Religion. In: *Kultur und Alltag.* Hrsg. v. Hans-Georg Soeffner u. Jo Reichertz (= *Soziale Welt*, Sonderband 6). Göttingen 1988, S. 49–60.

[123] Widl, Maria: Religiosität. In: *Praktische Theologie. Ein Handbuch.* Hrsg. v. H. Haslinger, L. Karrer u. a. Mainz (im Erscheinen).

[124] Vgl. Widl, Maria: *Sehnsuchtsreligion. Neue religiöse Kultformen als Herausforderung für die Praxis der Kirchen.* Frankfurt a. M. 1994.

Hochreligionen bestätigt, deren Konversionen und mystische Erfahrungen als typische Beispiele auch für James gelten. Allerdings besteht eine Differenz insofern, als der zeitgenössische Begriff von ‚Religion‘ im Horizont protestantischen Innerlichkeitsdenkens diese mit ‚Religiosität‘ gleichsetzt, wobei die Thematik solcher Religiosität im wesentlichen auf das Thema der ‚Selbstsuche‘ oder günstigenfalls ‚Selbstfindung‘ als ‚Heilserfahrung‘ reduziert wird.[125]

Weder James noch Joas behandeln die sozialisatorischen Aspekte dieser ‚Werteentstehung‘. Wir dürfen jedoch aufgrund ihrer Ausführungen vermuten, daß beim Ausfallen von derartigen ‚werteprägenden Erfahrungen‘ auch die Persönlichkeitsentwicklung leidet. Wer nicht weiß, was er will, wem also situationsübergreifende Leitvorstellungen und Wertbindungen fehlen, scheint auch im praktischen Leben unter überkomplexen Bedingungen in charakteristischer Weise benachteiligt.

Es bedarf zur Werteentstehung zweierlei: zum einen der Anlässe für entsprechende Erfahrungen und zum anderen der Verfügung über entsprechende Deutungsmuster. Anlässe und Deutungsmuster sind heute im Erfahrungshorizont der meisten Menschen weit heterogener als früher, und dementsprechend dürften auch persönlichkeitsbestimmende Wertorientierungen heute weit vielfältiger ausfallen. Vor allem im Bereich von Familie und von sonstigen festen persönlichen Beziehungen sind aber auch heute noch Ereignisse von werteprägendem Charakter wahrscheinlich. Es können jedoch auch im Rahmen sozialer Bewegungen oder unter dem Eindruck dramatischer Ereignisse wie z.B. von Kriegen kollektiv prägende ‚Werte‘ zustande kommen. So

---

[125] Vgl. *Biographie und Religion: Zwischen Ritual und Selbstsuche.* Hrsg. v. Monika Wohlrab-Sahr. Frankfurt/New York 1995.

dürfte z. B. bei den meisten Juden und Deutschen allein die Nennung des Wortes ,Auschwitz' zwar unterschiedliche, aber stark wertbesetzte Assoziationen auslösen. Wahrscheinlich entstehen Wertbindungen auch unter den gegenwärtigen Bedingungen jedoch nicht nur durch dramatische, einmalige Ereignisse, sondern verfestigen sich auch aufgrund wiederholter, emotional schwächerer Erfahrungen, deren Deutung in eine bestimmte, gleiche Richtung weist.

4. Zu den Aussichten des Christentums

Was haben diese Überlegungen jedoch mit den Kirchen und mit dem Christentum zu tun? Diese Begriffe wurden bisher recht umgangssprachlich verwendet, doch nunmehr muß eine analytische Perspektive eingeführt werden. Wir können aus soziologischer Sicht drei hauptsächliche Ebenen der sozialen Präsenz des Christentums unterscheiden: eine kulturelle, eine institutionell-organisatorische und eine personenbezogen-individuelle.

4.1 Kulturelle Präsenz

Unter Kultur verstehe ich in diesem Zusammenhang das kollektive Gedächtnis einer Gesellschaft, also den aktualisierbaren Vorrat an Deutungsmustern und ihre sinnhaften Zusammenhänge, wie sie heute vor allem durch die Wissenschaften, aber auch durch einflußreiche Literaten, Künstler und Kommunikatoren sowie durch häufig erinnerte Dokumente der Vergangenheit z. B. in den Massenmedien, aber auch im Bildungswesen erinnert werden. Insofern ist die kulturelle Präsenz des Christentums zum einen von der Lebendigkeit seiner Gebets- und Kultpraxis, sodann von der Eindringlichkeit der öffentlichen Darstellung seiner Sinngehalte und nicht zuletzt von der Qualität der theologi-

schen Auseinandersetzung im Rahmen von konkurrierenden Weltdeutungen abhängig.[126]

Besondere Einwirkungen gehen heute von der zunehmenden *Medialisierung unserer Kultur* aus, welche neuartige
Formen der Kommunikation stimuliert, die die herkömmli-
che christliche Glaubensverkündigung antiquiert erscheinen lassen. Dabei geht es allerdings nicht nur um kompe-
tenten Mediengebrauch, der – wie zahlreiche gelungene
religiöse Produktionen in Rundfunk und Fernsehen zeigen –
durchaus erlernbar und für religiöse Inhalte adaptierbar ist.
Tiefer geht die Veränderung der Auffassungen über Wahrheit und Wirklichkeit, die mit der zunehmenden Virtuali-
sierung der Medien noch radikalisiert wird.[127]

Die nachchristentümliche Situation, welche bei vielen Zeitgenossen Erinnerungen an frühere Auseinandersetzungen
zwischen den Konfessionen sowie zwischen Kirche und
Staat oder zwischen Kirche und Wissenschaft wachruft,
muß dabei als Hypothek und Quelle fortgesetzter Religionskritik in Rechnung gestellt werden. Bedenklich erscheint
im übrigen, daß auch innerhalb der Kirchen die Halbwert-
zeit ihrer neueren kulturellen Manifestationen in ähnlicher
Weise schrumpft wie im Bereich der profanen Kultur. Wer
liest und verbreitet denn noch z. B. die großartigen Texte des
Zweiten Vatikanischen Konzils und die ebenfalls weithin
noch lesenswerten Texte der Würzburger Synode?

Kulturtheoretisch ist festzuhalten: Der christliche Glaube
steht heute in Europa nicht so sehr in Konkurrenz zu ande-

---

[126] Vgl. *Zukunftsfähigkeit der Theologie.* Hrsg. v. Karl Gabriel, Johannes
Horstmann u. Norbert Mette. Paderborn 1999.
[127] Vgl. z. B. *Die Wirklichkeit der Medien. Eine Einführung in die Kommu-
nikationswissenschaft.* Hrsg. v. Klaus Merten, Siegfried J. Schmidt u. Siegfried Weischenberg. Opladen 1994.

ren *religiösen* Formen des Kults und der Daseinsdeutung, denn die neuen religiösen Kultformen erreichen nur selten das Niveau einer *kulturellen* Herausforderung. Die nachhaltigste Herausforderung stammt von den *säkularen* Deutungsmustern, insbesondere der Wissenschaften, welche schon von ihren Prämissen her die Option eines Glaubens an welttranszendierende Kräfte ausschließen. Es scheint also heute einer weit grundsätzlicheren Umorientierung zu bedürfen, um in die Bezüge des herkömmlichen christlichen Gottesglaubens zu gelangen, als in einer weniger verweltlichten Kultur.[128]

Diese Umorientierung beinhaltet drei zentrale Elemente: (1) Die Annahme einer welttranszendenten göttlichen Kraft – diesen Glauben teilt das Christentum mit den übrigen monotheistischen Religionen; (2) die Annahme eines direkten Einwirkens dieser göttlichen Kraft auf die Menschheitsgeschichte durch Jesus Christus und (3) deren Fortwirken in der Menschheitsgeschichte durch einen ‚Heiligen Geist‘, der den an ihn Glaubenden versprochen wird. Diese drei Elemente sind in den dominierenden römischen und byzantinischen Traditionen des Christentums glaubensmäßig eng aufeinander bezogen und werden als *personale* Erscheinungen der göttlichen Kraft verstanden, welche in ihrer dreieinigen Personhaftigkeit auch das Urbild zwischenmenschlicher Beziehungen darstellt. Der christliche Glaube beinhaltet somit eine Berufung des Menschen zur Gottähnlichkeit, wie vor allem die griechischen Kirchenväter betont haben.

---

[128] Nachdem schon in den achtziger Jahren die Religionsthematik erneute Beachtung fand, hat in jüngster Zeit die Gottesthematik eine bemerkenswerte Renaissance erlebt. Vgl. z. B. das Sonderheft Nr. 605/606: *Nach Gott fragen- – Über das Religiöse* der renommierten Kulturzeitschrift *Merkur – Deutsche Zeitschrift für europäisches Denken*. 53. Jg., Sept./Okt. 1999; ferner die Veröffentlichung des ‚2. Wiener Kulturkongresses‘: *Wenn Gott verloren geht. Die Zukunft des Glaubens in der säkularisierten Gesellschaft.* Hrsg. v. Theo Faulhaber u. Bernhard Stillfried. Freiburg i. Br. 1998.

Wie angedeutet (vgl. IV.2.3), hat diese theologische Denkweise auch die säkularen Interpretationen menschlicher Würde und Autonomie, staatlicher Souveränität und des geschichtlichen Fortschrittsglaubens in der europäischen Aufklärung nachhaltig geprägt. Deren Hoffnungen sind jedoch im Zuge der fortschreitenden Modernisierung nicht weniger zweifelhaft als das Christentum geworden: Das Grauen moderner Kriege, der bis zur technisch organisierten Vernichtung sich steigernde Haß ethnischer Gruppen, die Gefährdungen der Biosphäre und nicht zuletzt die Infragestellung menschlicher Autonomie selbst haben auch das säkulare Denken selbstkritischer und skeptischer werden lassen. Die Zukunft der Moderne erscheint zwar aus anderen, aber nicht weniger plausiblen Gründen gefährdet als diejenige des Christentums.

Es würde zu weit führen, hier die vielfältigen Versuche und Auseinandersetzungen vorzustellen, welche „nach Auschwitz" zwischen den Polen Sinn- oder Seinshoffnung einerseits und Nihilismus andererseits geführt worden sind. Diese philosophischen Diskurse sind selbst Elemente einer kulturellen Selbstverständigung im Horizont der Moderne. Sie beinhalten sowohl den Versuch, ein minimales gemeinsames Ethos zu begründen als auch in einem nachmetaphysischen Kontext einen gemeinsamen Horizont der Hoffnung aufrechtzuerhalten: „Alles hat Sinn. Denn man darf den Unterschied zwischen Gut und Böse nicht preisgeben. Es muß daran festgehalten werden, daß Liebe einen Sinn hat. Daß der Kampf um Freiheit und Gerechtigkeit einen Sinn hat. Daß das Leiden der Leidenden einen Sinn hat. Das unverzichtbare ethische Grundpostulat ist geltend zu machen gegen die absolute Bedrohung mit absoluter und universaler Sinnlosigkeit, die von der konsequent durchgehaltenen Erfahrung des Nichts ausgeht."[129]

---

[129] Vgl. Schlette, Heinz Robert: Was bedeutet „die Frage nach Gott" heute?

In dieser Situation wird die Säkularisierung vielfach als *Transzendenzverlust* gedeutet und auch in öffentlichen Diskursen nach Wegen zu einer Wiedererschließung von christlichen Traditionsbeständen im Horizont einer durch die Religions- *und* Modernitätskritik gegangenen Bewußtseinslage gesucht.[130] Bemerkenswert ist die starke Beachtung, die in diesem Zusammenhang dem jüdischen Denken auch in christlichen Kreisen geschenkt wird.[131] Vor dem Hintergrund der aufgezeigten Zusammenhänge zwischen christlichem Gottesverständnis und personalem Menschenverständnis läßt sich zum mindesten im Horizont der westlichen Kultur zu Recht vermuten, daß mit dem Verzicht auf die Frage nach Gott auch das kulturelle Selbstverständnis des Menschen radikal verändert würde.

4.2 Kirchliche Präsenz

Auf der institutionell-organisatorischen Ebene erscheint das europäische Christentum heute im wesentlichen in der Form der *Kirchen*, und nur auf diese Form hat sich die gesellschaftliche Öffentlichkeit in Europa eingestellt. Im Unterschied zum kirchlichen Pluralismus in den Vereinigten

---

In: *Orientierung*, 63 (Zürich 1999), S. 50–53, 63–66; ebd. obiges Zitat aus Bernhard Welte: Versuch zur Frage nach Gott. In: *Die Frage nach Gott*. Hrsg. v. Joseph Ratzinger. Freiburg – Basel – Wien ²1973, S. 25.

[130] Typisch Strasser, Peter: *Journal der letzten Dinge*. Frankfurt a. M. 1998. Ein bemerkenswertes Beispiel philosophisch motivierter ‚Rückkehr' bietet Vattimo, Gianni: *Glauben – Philosophieren*. Stuttgart 1997.

[131] Vgl. z. B. Henrichs, Dieter, Johann Baptist Metz, Bernd J. Hilberath u. Zwi Zwerblowsky: *Die Gottrede von Juden und Christen unter den Herausforderungen der säkularen Welt*. Münster 1997; Splett, Jörg: Gotteserfahrung im Gesicht des Anderen? Argumentierend mit Emanuel Levinas. In: *Gott – Das bleibende Geheimnis*. Würzburg 1996, S. 151–172; Reiter, Josef: Die ethische Transformation der Metaphysik bei Emanuel Levinas. Ebd., S. 173–196.

Staaten hat sich unter dem Einfluß der römischen Kirche und des evangelischen Staatskirchenrechts hier ein stark *verrechtlichtes Kirchenverständnis* durchgesetzt, in dem die Hauptamtlichen – ob Kleriker oder nicht – das Sagen haben. Der damit einhergehende hohe Organisationsgrad der Kirchen scheint – unbeschadet ihrer Angepaßtheit an die von Großorganisationen beherrschte gesellschaftliche Wirklichkeit – heute der sozialen Vermittlung des Glaubens eher *abträglich* zu werden.

Betrachten wir das Verhältnis der Bevölkerung zu den Kirchen, so wird deutlich, daß deren ‚Angebote‘ (selbst schon eine verräterische, die neue Situation anzeigende Formulierung) heute weit stärker als je zuvor *in Konkurrenz zu anderen Möglichkeiten* stehen. Es gibt nur wenige ‚Güter‘, die von den Kirchen mit einer gewissen Exklusivität angeboten werden, und hierzu gehört insbesondere die Begleitung bei den Lebenswenden: Geburt, Heirat, Tod. Zunehmend entwickeln sich allerdings auch hier Alternativen. Und den Kirchen wäre dringend zu raten, von der Wirtschaft zu lernen, daß man heute immer weniger Einzelprodukte, sondern nur ‚komplexe Systemlösungen‘ mit Erfolg verkaufen kann. Das würde also z. B. bedeuten: Problemorientierte Ehevorbereitung und beratende Angebote der Ehebegleitung und Scheidungsprophylaxe; Sterbehilfe statt bloßer Beerdigung; Schwangeren- und Elternberatung, möglichst in Verbindung mit der Bildung von Elterngruppen usw. *Eine Marginalisierung kirchlicher Angebote in der Konkurrenz der Möglichkeiten ist um so wahrscheinlicher, je weniger deren Bedeutung für die Lebensführung einsichtig wird.*

Es hat deshalb den Anschein, als ob heute weniger die individuelle Glaubwürdigkeit als die *gesellschaftliche Nützlichkeit* der Kirchen gefragt sei. Es gibt heute eine weitverbreitete, *religiös indifferente Akzeptanz von ‚Religion‘,* die sich auch im weitgehenden Fehlen antiklerikaler Diskurse in der Öffentlichkeit manifestiert. „Religion muß sein – die Menschen brauchen das" ist die einzige Aussage, die sich in einer Umfrage unter Führungskräften nahezu allgemeiner Zustimmung erfreute. Aber ‚Religion', das ist etwas für die anderen oder für die Allgemeinheit, nicht aber für einen selbst.[132] So lautet natürlich nicht das Gesetz, unter dem das Christentum angetreten ist.

Aus soziologischer Sicht sind jedoch diese gesellschaftlich zugeschriebenen Funktionen von Kirche und Christentum durchaus relevant. Wie bereits erwähnt, hat Westeuropa in seiner kritischen Entfaltungsperiode im 19. Jahrhundert erheblich von einer Revitalisierung des Christentums für seine Stabilisierung profitiert, und ohne diese wäre es auch nicht zur Entwicklung des Sozialstaates in Europa gekommen. Wird die moderne Gesellschaft in Zukunft auf derartige normativ stabilisierende Momente verzichten können? Hat diese Gesellschaftsform tatsächlich funktionale Äquivalente für alle vergehenden Traditionsbestände entwickelt, auch für das Christentum?

Diese Frage wird durch die sogenannte *Globalisierung* noch verschärft.[133] Darunter wird das Zusammenwirken von drei zu unterscheidenden Entwicklungen verstanden: die immer dichtere und raschere Vernetzung der Welt im Bereich des Verkehrs- und Telekommunikationswesens, die Entstehung und der Machtzuwachs transnationaler Akteure, deren Handlungen und Regelsysteme die nationalstaatlichen Rechtsordnungen übergreifen, und der Bedeutungsverlust nationaler Grenzen, welche kaum mehr Schutz gegen aus-

---

[132] Vgl. Kaufmann, Franz-Xaver, Walter Kerber u. Paul Michael Zulehner: *Ethos und Religion bei Führungskräften.* München 1986, S. 176 ff.
[133] Zum folgenden ausführlicher Kaufmann, Franz-Xaver: Globalisierung und Gesellschaft. In: *Aus Politik und Zeitgeschichte*, Beilage zur Wochenzeitung Das Parlament, B 18/98 vom 24. April 1998, S. 3–10.

ländische Einflüsse, sei es der wirtschaftlichen Konkurrenz, der Zu- und Abwanderung oder des Wissens- und Informationstransfers bieten. Die Globalisierung gibt den modernisierenden und mobilisierenden Faktoren in Wirtschaft und Wissenschaft neue Schubkraft und stellt bisherige, die Lebenswelt der Bevölkerung schützende Faktoren wie die National- und Sozialstaatlichkeit in Frage.

Die nationalstaatliche Vergesellschaftungsform beruht auf dem Ethos der Anerkennung von Menschenrechten, der Demokratie und der kollektiven Verantwortung für ein bestimmtes Wohlfahrtsminimum aller Mitbürger. Auf der Ebene weltweiter Wirtschaftsbeziehungen ist ein Vermittlungsmodus zwischen wirtschaftlichen und nicht-wirtschaftlichen Interessen und Anliegen dagegen überhaupt noch nicht in Sicht. Das hat beispielsweise die Erste Generalversammlung der ‚World Trade Organisation' (WTO) in Singapur gezeigt, auf der es ausdrücklich abgelehnt wurde, über Fragen der Kinderarbeit auch nur zu sprechen. Diese Problematik unserer weltweiten Zukunft ließe sich leicht auf weitere Themen wie z.B. die Umwelt, das Verhältnis von reichen und armen Ländern oder die Probleme von Flucht und Wanderung ausdehnen. Je mehr das Bewußtsein weltweiter Interdependenz zunimmt, desto größer wird das Bedürfnis nach symbolischen Bezugspunkten menschheitlicher Gemeinsamkeit und nach verbindlicheren völkerrechtlichen Regeln werden. Die ökonomistische Einseitigkeit der WTO hat denn auch bereits bei ihrer kürzlichen Zweiten Generalversammlung in Seattle zu vielfältigen, wenngleich noch ziemlich chaotischen Protesten geführt.

Es ist unwahrscheinlich, daß angesichts der großen Zahl der Beteiligten die auftretenden sogenannten Kollektivgut-Probleme, also die effektive Vermittlung zwischen gemeinsamen Interessen und Einzelinteressen der beteiligten Staaten, auf dem Wege des politischen Interessenausgleichs allein gelingen kann. Hoffnung könnte hier die Stärkung des Horizonts gemeinsamer Wertvorstellungen gewähren. Inwieweit es sich dabei um ein ausdrückliches ‚Weltethos' im Sinne von Hans Küng handeln kann, muß offenbleiben. Eine Auseinandersetzung zwischen den großen Weltreligionen um das ihnen Gemeinsame könnte jedoch zweifellos zur *Schaffung eines normativen Weltbewußtseins* beitragen. Eine in diesem Sinne auch über das Christentum hinausreichende ökumenische Bewegung, wie sie nicht zuletzt von Papst Johannes Paul II. durch das Weltgebet der Religionen in Assisi angestoßen wurde, läge im übrigen auf der Linie einer öffentlichen Moralbekräftigung, die den Kirchen auch heute schon vielfach als besondere Funktion zugesprochen wird. Gerade die katholische Kirche als ältester ‚Global Player' scheint die hier sich öffnenden Möglichkeiten zu erkennen. Auf dieser Weltebene läßt sich somit eine manifeste Funktion organisierter Religionsformen erkennen, die ihre weitere Existenznotwendigkeit auch im Horizont der westlichen Moderne plausibel macht.

4.3 Die Präsenz des Christentums auf der Individualebene

Die mehrfach erwähnten trinitätstheologischen Vorstellungen sind zwar biblischen Ursprungs und haben seit dem Konzil von Nizäa (325 n. Chr.) den expliziten Gehalt des christlichen Glaubensbekenntnisses bestimmt, aber sie haben keineswegs durch die Jahrhunderte stets das kollektive Gedächtnis der Christen geprägt. Die Trinitätslehre ist die elaborierteste Form des christlichen Glaubens, für die sich im wesentlichen die Theologen interessieren. Das christliche Volk hat sich meist an anschaulicheren biblischen Bildern wie Geburt, Kreuzigung und Auferstehung Jesu, an Wundern und zunehmend auch an nicht-biblischen Ereignissen wie dem Leben der Heiligen orientiert. Das Christentum lagerte sich in uns heute manchmal wunderlich anmutenden Verbindungen mit anderen Kulturelementen in die Lebensformen der Menschen ein; z. B. ist das heute funktionslos gewordene Läuten der Kirchenglocken am Morgen, Mittag und Abend eine letzte Erinnerung an den durch Gebet überformten Tagesablauf noch unserer Großeltern.

Es sind vor allem diese lebensweltlichen Stützen, welche heute der Tradierung des christlichen Glaubens abhanden gekommen sind. Eben deshalb müßte sich dieser, um glaubwürdig zu sein, weit stärker an seinen zentralen Inhalten ausweisen als je zuvor. Wurde man durch die Jahrhunderte hindurch Christ mittels der als selbstverständlich geltenden Taufe, und blieb es gewohnheitsmäßig dank der den Tages-, Jahres- und Lebenslauf strukturierenden kirchlichen Ereignisse, so erscheint heute zum Christ-Bleiben ein *Akt persönlicher Bekehrung* notwendig. Die Anforderungen an die Gewinnung neuer, gegen die Entkirchlichungstendenzen resistenter Mitglieder steigen damit für die Kirchen enorm an.

Der katholische Theologe Karl Rahner, dem wir u. a. eine vergleichsweise schonungslose Auseinandersetzung mit den Verhältnissen in seiner Kirche verdanken[134], hat durchaus im Sinne der Jamesschen Überlegungen formuliert: „Der Fromme von morgen wird ein ‚Mystiker' sein, einer, der etwas ‚erfahren' hat, oder er wird nicht mehr sein, weil die Frömmigkeit von morgen nicht mehr durch die im voraus zu einer personalen Erfahrung und Entscheidung einstimmige, selbstverständliche öffentliche Überzeugung und religiöse Sitte aller mitgetragen wird."[135]

---

[134] Rahner, Karl: *Strukturwandel der Kirche als Aufgabe und Chance.* Freiburg i. Br. 1972.
[135] Rahner, Karl: Frömmigkeit früher und heute. In: ders.: *Schriften zur Theologie.* Bd. 7, Einsiedeln u. Zürich ²1971, S. 11–31, Zitat S. 22.

Man wird nüchtern zur Kenntnis nehmen müssen, daß die gegenwärtigen Formen kirchlicher Seelsorge an den nachwachsenden Generationen weitgehend vorbeigehen. Wenn man sich dem Gedanken öffnete, daß es darauf ankäme, junge Menschen an qualifizierte religiöse Erfahrungen heranzuführen, würde Aktivitäten mit Erlebniswert, wie z. B. Wallfahrten, gemeinsame Bauprojekte, soziale Engagements usw., ein ganz anderer Stellenwert zukommen. Ferner wäre an den Ausbau sogenannter niederschwelliger Angebote zu denken, wie sie in der Form von ‚Stadtkirchen' zunehmend realisiert werden. Aber auch Initiativen mit Bewegungscharakter, die sich zur Verfolgung bestimmter Ziele zusammenschließen, z. B. Dritte-Welt-Gruppen, Kirchenvolksbegehren u. ä., sind unter diesem Gesichtspunkt positiv zu beurteilen. Allerdings können, nach einem vertieften Verständnis religiöser Erfahrung, derartige lebensweltliche ‚Erfahrungen' nur propädeutischen Charakter für das haben, was im christlichen Sinne Glaubenserfahrung meint.[136]

Deutlich wird aber aus diesen Überlegungen auch, daß die Zeitläufe hierzulande bis auf weiteres keine breitenwirksamen religiösen Erweckungsbewegungen erwarten lassen. Wahrscheinlich ist an dem Satz „Not lehrt beten" mehr dran, als Kirchenleute wahrhaben wollen. Und da es Vernunft und Nächstenliebe verbieten, sich und anderen Not zu wünschen, bleibt es bei der nüchternen Einsicht, daß religiöse Erneuerung nur dort zu erwarten wäre, wo christliches Engagement sich in Probleme lösender Weise plausibel

---

[136] Zur Interpretation des häufig, jedoch meist verkürzt zitierten Diktums von Karl Rahner vgl. Sudbrack, Josef: Der Christ von morgen – ein Mystiker? Karl Rahners Wort als Mahnung, Aufgabe und Prophezeiung. In: *Der Christ von morgen ein Mystiker! Grundformen mystischer Existenz.* Hrsg. v. Wolfgang Böhme u. Josef Sudbrack. Würzburg/Stuttgart 1989, S. 99–136; Splett, Jörg: *Denken vor Gott. Philosophie als Wahrheits-Liebe.* Frankfurt a. M. 1996, S. 221–144. (Dank an Dr. Gotthard Fuchs für diese Hinweise!)

machen läßt. Dagegen spricht auch unter den Bedingungen der Moderne nichts Grundsätzliches. Nur bedürfte es größerer Imagination und Beweglichkeit.

Eine andersgeartete Anwendung unserer Überlegungen ergibt sich hinsichtlich des sogenannten *Fundamentalismus*. Hierbei handelt es sich um eine meist kritisch gemeinte Bezeichnung für eine einengende Art kollektiver Grundsatztreue, die unter den gegenwärtigen postmodernen Bedingungen auffällt. Wo liegt das Problem? Nur um den Preis eines A-priori-Verzichtes auf vielfältige Optionen lassen sich heute die meisten Entscheidungssituationen noch auf *ausschließlich* religiöse Kriterien hin vereinfachen. So war bereits im Altertum die Wahl eines asketischen Lebens in Einsamkeit beschaffen, das aber stets auf einer persönlichen Entscheidung beruhte. Freiwillige Askese könnte gerade in der Situation einer Überflußgesellschaft durchaus religiöse Zeichen setzen. Kollektive Versuche einer Abschottung von den Möglichkeiten der Zeit vermögen dagegen heute Dritte kaum zu überzeugen, da ihnen zu Recht oder Unrecht zwanghafte Methoden unterstellt werden. ,Fundamentalismus' ist eine polemische ideenpolitische Bezeichnung vor dem Hintergrund liberaler Werte. Aber offensichtlich sind bestimmte Folgen liberaler Werte, nämlich die Überforderung des einzelnen und die Legitimation des Rechtes der Stärkeren, vielen Menschen nicht als erstrebenswert einsichtig zu machen. Fundamentalismus vereinfacht das Leben und isoliert zugleich von den nicht Gleichgesinnten.

Religiöse Renaissancen in der Form christlich inspirierter religiös-sozialer Bewegungen haben sich in der Vergangenheit vielfach ereignet und sind auch für die Zukunft nicht auszuschließen. Sie würden sich aller Voraussicht nach eher am Rande als im organisierten Kernbereich der Kirchen ereignen und sich an der Auseinandersetzung mit Themen entzünden, die von den etablierten Gesellschaftsgruppen verdrängt werden. Beispielsweise könnte ein „Überdruß am Überfluß" hierzulande religiöse Energien freisetzen – wie schon in der Spätantike. Auch innerreligiöse und sogar innerkirchliche Auseinandersetzungen könnten aus soziologischer Sicht zu erneuten Relevanzgewinnen des Religiösen führen. Wahrscheinlich scheint mir, daß Impulse zu Renaissancen des Christentums in Zukunft eher aus Ländern der Dritten Welt als aus den alten Kernländern des Christentums entstehen. Die absehbare Spannung zwischen Dritter und Erster Welt dürfte auch an den christlichen Kirchen nicht vorbeigehen. Und der römische Zentralismus dürfte hiermit größere Schwierigkeiten haben als die übrigen Kirchen.[137]

5. Schlußbemerkungen

Angesichts eines manifesten Schrumpfens der noch vor einer Generation den religiösen Bereich absolut dominierenden christlichen Kirchen in Westeuropa (Kapitel I) stellt sich die Frage, ob das Christentum den Herausforderungen einer von technischen und institutionellen Erfolgen geprägten modernen Lebensweise noch etwas zu sagen hat. Wir haben im II. Kapitel zu zeigen versucht, wie das Christentum in einer auf den ersten Blick der unsrigen nicht unähnlichen Epoche zum Erfolg gelangt ist, nämlich im Rahmen der antiken Stadtkultur, die durch erheblichen Wohlstand, durch die Existenz einer pluralistischen Re-

---

[137] Zu einer bemerkenswerten Analyse des nachkonziliaren Zentralismus der römischen Kurie vgl. Kasper, Walter: Zur Theologie und Praxis des bischöflichen Amtes. In: *Auf neue Art Kirche sein: Wirklichkeiten – Herausforderungen – Wandlungen*. Festschrift für Bischof Dr. Josef Homeyer. Hrsg. v. Werner Schreer u. Georg Steins. München 1999, S. 32–48. Kasper erwartet angesichts innerkirchlicher wie ökumenischer Schwierigkeiten der gegenwärtigen päpstlichen Praxis eine „neue geschichtliche Gestalt des Petrusamtes" (S. 43), die sich stärker an den Grundsätzen des ersten Jahrtausends orientiert. Dies liegt auch in der Konsequenz der hier vorgelegten Überlegungen.

flexionselite und durch eine wachsende Verunsicherung mit Bezug auf die traditionellen Identitätsmerkmale der Reichseinheit gekennzeichnet war. Im III. Kapitel wurden zwei Formen des Einwirkens des Christentums auf die historischen Entwicklungen des sogenannten Abendlandes skizziert, die in ihrer Konsequenz zur Entstehung jener freiheitlichen Kultur und Staatsverfassung geführt haben, die auch noch die unsrige ist. Im IV. Kapitel haben wir die Rückwirkungen dieser neuzeitlichen Entwicklungen auf das Christentum anhand des Leitfadens der Säkularisierungsdiskussion behandelt, was zu einem ambivalenten Ergebnis geführt hat: Einerseits ist das Christentum in verkirchlichter Form nach wie vor ein wichtiges Strukturelement moderner Gesellschaften, und auch im Ethos dieser Gesellschaften läßt sich der Niederschlag ihrer christlichen Herkunft durchaus erkennen. Andererseits ist vor allem in jüngster Zeit ein deutlicher Traditionsabbruch in der Weitergabe christlicher und kirchlicher Orientierungen zu beobachten. Offensichtlich gelingt es insbesondere den organisierten Kirchentümern immer weniger, die nachwachsenden Generationen für sich zu gewinnen.

In diesem letzten Kapitel wurde deshalb nach den Bedingungen und Gründen dieser Entwicklung gefragt. Folgt man den hier skizzierten Überlegungen, so erscheint als Hauptbedingung für den Einflußverlust der Kirchen *eine Veränderung im Verhältnis von kulturellen, organisatorischen und lebensweltlichen Aspekten dessen, was bis anhin ohne Mühe bald als ‚Christentum‘, bald als ‚Religion‘, bald als ‚Kirche‘ bezeichnet wurde.* Seit den siebziger Jahren entwickelt sich der Sinn dieser drei Begriffe zunehmend auseinander, was als Symptom der hier angesprochenen Probleme gelten kann.

Die tendenzielle Verselbständigung von Kultur, institutionell-organisatorischen Strukturen und den im einzelnen immer vielfältiger gewordenen lebensweltlichen Gegebenheiten ist ein charakteristisches Merkmal der sich modernisierenden Sozialzusammenhänge und nicht auf den religiösen Bereich beschränkt. Sie wird hier jedoch als besonders problematisch empfunden, weil religiöse Sinnzusammenhänge nach herkömmlichem Verständnis auf kulturellen Symbolisierungen beruhen, deren Plausibilität *auf sozialer Vermittlung* und nicht etwa auf unmittelbarer lebenspraktischer Nützlichkeit beruht.

Die soziale Vermittlung des christlichen Glaubens beruhte noch bei uns Älteren auf dem Zusammenwirken kirchlicher und nicht-kirchlicher Einflüsse, die untereinander eng vernetzt waren. Familie, Verwandtschaft, Jugendgruppen, Freunde, ja vielerorts auch Schule, politische und wirtschaftliche Verkehrskreise waren eng mit Konfession und Kirchengemeinde bzw. Pfarrei verbunden und bildeten eine *gemeinsame Lebenswelt,* in die religiöse Praktiken und Sinndeutungen mit lebenspraktischen Vollzügen *vermischt* eingelassen waren: Kirchliche Feiertage oder die Feier von Lebenswenden hatten so stets einen kollektiv vorgegebenen und stabilisierten Sinn, der auch individuell erfahrbar blieb und bei entsprechenden Gelegenheiten, insbesondere jedoch in kritischen Lebenssituationen zum Tragen kam.[138]

---

[138] Wir können daher auch für die christliche Vergangenheit den zur Charakterisierung gegenwärtiger religiöser Verhältnisse häufig bemühten Begriff des *Synkretismus* anwenden. Wenn beispielsweise heute die Umweltproblematik als kirchliches Thema entdeckt wird, ist dies ein ebenso synkretistisches Phänomen wie früher die lokalen Formen der Heiligenverehrung. Die Kirchen neigen dazu, nur dort Synkretismen zu sehen, wo diese mit ihrer jeweiligen Orthodoxie nicht übereinstimmen. Vgl. z. B. Rüdiger Sachau: Individueller Synkretismus als Lebensform moderner Religiosität. Westliche Reinkarnationsvorstellungen im Kontext neuzeitlichen Christentums. In: *Religion in der Lebenswelt der Moderne.* Hrsg. v. Kristian Fechtner u. Michael Haspel. Stuttgart 1998, S. 67–87.

Unser historischer Rückblick sollte verdeutlichen, daß das Christentum zunächst im Zuge der christlichen Gemeindebildungen sich seine eigene Typik von Lebenswelten und Sinnstrukturen schuf, die sich von ihrer heidnischen Umgebung abhoben. Die Stabilisierung derartiger religiös imprägnierter Sinnstrukturen verband sich seit der ‚Konstantinischen Wende‘ eng mit dem politischen Schicksal der Gemeinwesen und gewann dadurch eine umfassende Selbstverständlichkeit, die sich erst mit der Religionskritik der Aufklärung kulturell und mit der Einführung der Religionsfreiheit sowie der Entkoppelung von Religion und Politik strukturell auflöste. Die darauffolgende konfessionsspezifische Vergesellschaftung des 19. und frühen 20. Jahrhunderts bewahrte jedoch die Lebenswelten der meisten Zeitgenossen noch vor Verunsicherung und gewährleistete auf neue Weise die soziale Vermittlung christlicher Traditionen. Allerdings blieb das Tradierte im Laufe der Zeit nicht identisch, sondern wandelte sich mit den sich verändernden Umständen.

Der Abbruch christlicher Glaubensvermittlung ist somit im wesentlichen auf das Brüchigwerden sozialer Vermittlungen christlicher Sinngehalte im Amalgam lebensweltlicher Traditionen zurückzuführen.[139] Der Traditionsabbruch bezieht sich also nicht auf das Christentum allein, sondern auf großräumige Prozesse der lebensweltlichen Traditionsbildung überhaupt. Die Lebensführung der indi-

---

[139] Hierzu differenzierter: Gabriel, Karl: Tradition im Kontext enttraditionalisierter Gesellschaft. In: *Wie geschieht Tradition? Überlieferung im Lebensprozeß der Kirche.* Hrsg. v. Dietrich Wiederkehr. Freiburg i. Br. 1991, S. 69–88. Gabriel postuliert, „daß die Weitergabe von Traditionen heute mehr noch als früher auf Institutionen angewiesen ist, andererseits aber das Gelingen von Tradierungsprozessen ein hohes Maß an institutioneller Offenheit, Sensibilität für individuelle Autonomiebestrebungen und Reflexivität voraussetzt" (S. 83). Das ist – bezogen auf Großkirchen – nahezu die Quadratur des Kreises!

vidualisierten jüngeren Generationen folgt vielfältigen Maximen, die sich kaum mehr zu dauerhafte Verbindungen stiftenden, längerfristig wirksamen Traditionen verfestigen.[140] Gemeinschaftliche Bindungen scheinen in dem Maße entbehrlicher, als die Institutionen kollektiver Daseinsvorsorge auch den für sich lebenden Individuen Daseinssicherheit versprechen. Zwar sind diese innerweltlichen Garantien keineswegs über jeden Zweifel erhaben, aber ihre Risiken übersteigen den Rahmen alltäglicher Erfahrungen genauso wie die Verheißungen des Christentums. Die kulturellen Deutungen bleiben abstrakt, soweit sie nicht in sozialen Kommunikationszusammenhängen konkretisiert und handlungsrelevant werden. Soziale Bewegungen, wie wir sie im Bereich der Ökologie, der Kritik an der Atomenergie, aber auch mit Bezug auf soziale Probleme beobachten können, erscheinen als typische Form sozialer Vermittlungen kultureller Gehalte unter den diagnostizierten (post-)modernen Bedingungen. Religiöse Renaissancen dürften daher hierzulande am ehesten in der Form religiöser Bewegungen entstehen.[141]

Die Diagnosen zur aktuellen religiösen Situation sind vielfältig und verwirrend. ‚Religion' wird heute bald mit ‚Kultur', bald mit ‚Kirchen', bald mit ‚Vergemeinschaftung', bald mit den individuellen Bestrebungen der Menschen nach Selbstverwirklichung, Sinn oder Heil in eins gesetzt. Alles Reden von ‚Religion' setzt jedoch voraus, daß ihr Inhalt bekannt sei. ‚Religion' im Sinne einer fraglosen sozialen Ver-

---

[140] Unterschiedliche Diagnosen dementsprechender kollektiver Bewußtseinszustände finden sich für den deutschen Sprachraum etwa bei Beck, Ulrich: *Risikogesellschaft – Auf dem Weg in eine andere Moderne*. Frankfurt a. M. 1986; Schulze, Gerhard: *Die Erlebnisgesellschaft. Kultursoziologie der Gegenwart*. Frankfurt/New York 1992; Gross, Peter: *Die Multioptionsgesellschaft*. Frankfurt a. M. 1994.
[141] Vgl. Rothschild, Michael: Was leisten religiöse Bewegungen? In: *Zeitschrift für Religionswissenschaft* [6]1998, S. 65–78.

mittlung von Kultur, Lebenswelt und Lebenssinn wird jedoch gesellschaftlich immer unwahrscheinlicher. Ob das die Menschen, ob das die Bedingungen des Heranwachsens neuer Generationen auf die Dauer aushalten, ist eine offene, m. E. eher skeptisch zu beantwortende Frage.

Deutlich wird auf jeden Fall, daß Sinnfragen heute in einem Maße individualisiert sind wie nie zuvor in der menschlichen Geschichte. Zu dieser Entwicklung hat das Christentum, wie gezeigt wurde, nachhaltig beigetragen, ja sie entspricht im Maße seiner Individualisierung des Glaubensanspruchs sogar dem Gesetz, nach dem die prophetische Tradition des Judentums und die personalisierende, trinitätsmystische Tradition des Christentums angetreten sind. Dürfen wir hoffen, daß diese die Entwicklung der abendländischen Kultur prägenden Deutungsmuster neue soziale Vermittlungen finden? Oder wird das Christentum vor allem in den Schwellenländern der Modernisierung überleben, deren soziale Ressourcen weniger verbraucht sind?

Alles in allem erscheinen die Perspektiven für das Christentum in unseren Breitengraden wenig erfreulich. Das mag die einen aus politischen Nützlichkeitserwägungen, die anderen aus persönlicher Identifikation mit dem christlichen Glauben betroffen machen. Den Erstgenannten, die das Christentum nur um seiner Nützlichkeit willen hoch schätzen, sei gesagt, daß die Schwierigkeiten christlicher Glaubensvermittlung Symptome einer weiter reichenden Krise der Vermittlung traditioneller Werte an die nachwachsenden Generationen und damit auch Ausdruck einer von ökonomischen und politischen Imperativen dominierten Entwicklung der sozialen Verhältnisse sind. In ihrem Glauben angefochtenen Christen sei dagegen empfohlen, die Psalmen des Alten Testaments, die johanneischen Abschiedsreden Jesu und die Briefe des Apostels Paulus bewußt zur Kenntnis zu nehmen. Sie könnten daraus lernen,

143

daß die jüdisch-christliche Glaubenstradition stets eine angefochtene war und daß ihr weltlicher Erfolg nicht in Aussicht gestellt wurde. Die Beharrlichkeit des Glaubens auch unter den „Leiden dieser Welt" gehört ebenso zu den Merkmalen dieses Glaubens wie die Hoffnung auf göttlichen Beistand. Eine „schöpferische Ratlosigkeit"[142] wäre keine ungünstige Voraussetzung für die Auseinandersetzung mit einer unsicheren, offenen Zukunft.

---

[142] Vgl. Fuchs, Gotthard: Lob für Sokrates. Für eine christliche Aporetik. In: *Sich einmischen: engagiert für Gemeinde, Erwachsenenbildung, Gesellschaft.* Festgabe für Ernst Leuninger. Hrsg. v. Hans Heinrich Lechler u. Alfred Schuchart. Frankfurt a. M. 1993, S. 108–125, Zitat S. 109.